JEUX DE
COMMUNICATION
à l'usage du formateur

75 FICHES

Éditions d'Organisation
Groupe Eyrolles
61, bd Saint-Germain
75240 Paris Cedex 05

www.editions-organisation.com
www.editions-eyrolles.com

Collection EO/FP dirigée par Armand Dayan

Gilbert BÉVILLE

Docteur en Droit
Diplômé en Sciences Politiques
Ancien élève de l'École d'Organisation Scientifique du Travail
Ancien élève du Centre de Formation
des Experts de la Coopération Technique Internationale

Président du CIEL
(Cercle International d'Études Ludiques)

JEUX DE COMMUNICATION
à l'usage du formateur

75 FICHES

Sixième édition

EYROLLES

Éditions d'Organisation

DU MÊME AUTEUR

Technocratie moderne (1952).
(Librairie générale de droit et de jurisprudence, Paris, 1964.)
épuisé

La logique appliquée.
(Éditions d'Organisation et Gauthier Villars, Paris, 1962.) Traduit
en espagnol. *épuisé*

Méthodes de communication.
(Éditions d'Organisation, Paris, 1972.) *épuisé*

Images à méditer.
(Maloine, Collection Université de Technologie de Compiègne,
Paris, 1977.) *épuisé*

L'expression écrite, image de l'entreprise.
(Éditions d'Organisation, Paris, 1980.) *épuisé*

Regards sur le jeu.
(La Documentation Française, Paris, 1986.) *épuisé*

Jeux de formation : pédagogie et méthodologie avec 9 diapositives.
(Éditions d'Organisation, Paris, 1988.) *épuisé*

De l'écoute à l'action : 62 fiches-jeux et situations ludiques avec 9 diapositives.
(Les Éditions d'Organisation, Paris, 1988.) *épuisé*

L'accueil : 51 fiches-conseils
(Éditions d'Organisation, Paris, 1990.) *épuisé*

Jeux et situations complexes en 50 fiches.
(Éditions d'Organisation, Paris, 1995.)

Objets inanimés avez-vous donc une âme ?
(Collection privée, Paris, 1997.)

La bouteille à la mer et autres textes.
(Paris, 2004.)

www.mardouk.com/CIEL

PLAN

AVANT-PROPOS : **Le parcours ludique** 9

INTRODUCTION : **L'enjeu des messages** 15

PREMIÈRE PARTIE
Réception de messages

CHAPITRE 1 – RISQUES DE L'INFORMATION 23

Fiche 1 : Information fausse. 25
           " " Un faux tournant 25
Fiche 2 : " " L'hippocampe 27
Fiche 3 : Information manquante. 29
           " " Chantilly 29
Fiche 4 : " " Sud-Marocain 31
Fiche 5 : " " Par ici la sortie 33
Fiche 6 : Information complexe. 35
           " " Abondance de biens 35
Fiche 7 : " " Le Pasteur 37
Fiche 8 : " " Les Messageries 39
Fiche 9 : " " Internet : une médaille – et son revers 41
Fiche 10 : " " Une leçon d'arboriculture 43

CHAPITRE 2 – OBSERVATION DE L'INFORMATION 47

Fiche 11 : Observation objective. 49
           " " Où diable est-il ? 49
Fiche 12 : " " L'étoile cachée 51
Fiche 13 : " " Une énigme à trois temps 53
Fiche 14 : " " Image en mouvements 57

Fiche 15 :   "   "   Sensations fortes 60

Fiche 16 : Habitudes favorables, défavorables. 62

            "   "   La croix latine 62

Fiche 17 :   "   "   La croix grecque 64

Fiche 18 :   "   "   La feuille à l'envers 66

Fiche 19 : Perception subjective. 68

            "   "   Ensorceleuse ou sorcière 68

Fiche 20 :   "   "   Un blanc et noir de toutes les couleurs 70

Fiche 21 :   "   "   Je pars en voyage 72

Fiche 22 :   "   "   50 mots de suite 74

CHAPITRE 3 – TRAITEMENT DE L'INFORMATION 77

Fiche 23 : Déconditionnement. Les neuf points 79

Fiche 24 :   "   "   Les 3 L 81

Fiche 25 : Élaboration de l'information. 83

            "   "   Les auteurs enterrés 83

Fiche 26 :   "   "   Dans le désordre 85

Fiche 27 :   "   "   Plan de masse 87

Fiche 28 :   "   "   Sait-on jamais ? 89

Fiche 29 : Mise en œuvre de l'ingéniosité. 92

            "   "   Combien de fois neuf ? 92

Fiche 30 :   "   "   Le bracelet 94

Fiche 31 :   "   "   Les 9 pièces d'or 96

Fiche 32 :   "   "   La tablette de chocolat 98

Fiche 33 :   "   "   Le labyrinthe 100

Fiche 34 :   "   "   Les 12 allumettes 105

DEUXIÈME PARTIE

Création de messages

CHAPITRE 1 – TYPES DE COMMUNICATION 109

Fiche 35 : Messages oraux. 111

            "   "   Le téléphone arabe 111

Fiche 36 : " " Nous appelons « Adultes » 113
Fiche 37 : " " Ma cabane au Canada 116
Fiche 38 : " " Le dialogue 118
Fiche 39 : " " Vive le vent ! 122
Fiche 40 : " " Vive le vent Gilbert ! 125
Fiche 41 : Messages écrits. 129
         " " Charabia 129
Fiche 42 : " " C.Q.F.D. 132
Fiche 43 : " " Havas 135
Fiche 44 : " " Euratom 138
Fiche 45 : " " Quadrature 141
Fiche 46 : Messages graphiques. 143
         " " Salons 143
Fiche 47 : " " Schéma 145
Fiche 48 : " " Réseau maillé 147
Fiche 49 : " " Symboles 149
Fiche 50 : " " Carrefour 151

CHAPITRE 2 – COMMUNICATION ATTRAYANTE 155

Fiche 51 : Pensée imagée. 157
         " " L'audiovisuel 157
Fiche 52 : " " La lettre-image 160
Fiche 53 : Humour. 162
         " " Un tigre dans votre ferveur 162
Fiche 54 : " " Allô ! 164
Fiche 55 : Force de frappe. 166
         " " Mon grand-père s'appelait Maximilien 166
Fiche 56 : " " La santé fait des ravages 168
Fiche 57 : " " Le petit rédacteur 174

CHAPITRE 3 – RENOUVEAU DE LA COMMUNICATION 177

Fiche 58 : Styles de communication. 179
         " " L'orange 179
Fiche 59 : " " Le parallélogramme 181

Fiche 60 : " " Antiroutine 183

Fiche 61 : " " Le petit garçon au chandail rouge .. 185

Fiche 62 : Communication avec soi. 187

" " Cloisonnement 187

Fiche 63 : " " Autoformation 189

Fiche 64 : Communication de groupe. 193

" " Consultation sur Internet 193

Fiche 65 : " " Mars, et au-delà 195

Fiche 66 : " " Rétroaction 197

Fiche 67 : " " La méthode TILT 199

Fiche 68 : " " Remue-méninges 201

Fiche 69 : " " L'avenir des présents du passé 203

Fiche 70 : " " Amusons-nous, nous aurons des idées 206

Fiche 71 : " " Les jeux en formation 210

Fiche 72 : " " Mémoires ludiques 213

Fiche 73 : " " Théâtre de livres 216

Fiche 74 : " " La vie simple 217

Fiche 75 : " " Le bonheur en jeux 219

CONCLUSION : Le jeu avec l'Infini 225

ANNEXES

Sur trois notes

LES AUTOROUTES DE LA FORMATION 237

LES RÉSEAUX 239

LA CROIX 241

DOCUMENTATION SOMMAIRE 245
ET
IMAGES DE LUDICITÉ. IMAGES DE LUCIDITÉ .... cahier couleur

Le parcours ludique

Depuis la nuit des temps, la route du jeu a eu tout le loisir d'être sérieusement balisée. Cependant, à toutes les étapes s'imposent des signalisations : ATTENTION TRAVAUX !

▶ But

Un but. Sans doute. Mais au-delà ? Pluralité des objectifs, de l'animateur et des joueurs, des équipes. Et contradictions : lors des simulations économiques, la fortune et/ou l'honnête revenu. Et d'heureuses surprises : on découvre ce que l'on ne cherchait pas.

▶ Matériel

Les grands moyens, et aussi les moyens légers, avec en compensation des réflexions d'un niveau élevé plutôt que simples illustrations de faits déjà connus par ailleurs. Il est vrai que la réflexion n'est pas toujours bien vue ; il vaut mieux, dit-on, investir ailleurs.

▶ Méthode

À chaque cas, sa méthode. Désespérant ? Non. À les considérer dans leur ensemble, nous acquerrons de l'expérience. En plus, si les situations sont diverses, insolites, nous ne serons pas désemparés – plutôt prêts à faire face avec le maximum d'atouts.

▶ Durée

Une minute, une heure, deux jours... le temps d'une partie. Rien n'empêche de multiplier les parties en fonction de nos occupations, de nos loisirs. À notre gré, une vie, des vies.

▶ Participants

Formateurs, formés : une distinction habituelle, tout à fait logique, appelée à demeurer.

D'autres données sont possibles :

– L'autoformation. Les adultes confirmés, les professionnels avertis sont tout à fait à même d'assurer leur perfectionnement. Il est bon de leur en offrir l'occasion.

– Les échanges. Ils ne manquent pas. Toutefois, les réunions ludiques, sur des thèmes précis, sont parfois plus efficaces que des groupes de travail, d'étude, parce que interviennent la fantaisie, l'imprévu. Cela rappelle les organisateurs de salons (mondains) du XIXe siècle, la frivolité en moins.

– Le mélange des âges. Un moyen, en dehors du cercle de famille, de confronter des perspectives enrichissantes pour les uns et les autres.

▶ Idées

Elles sont paradoxalement le résultat concret des rencontres, d'expériences inconscientes ou non : analogies, conclusions d'évaluation, référence.

▶ Analogie

Le jeu est souvent présenté comme une fiction, au mieux comme une simulation, une approximation de la réalité. Or, le lude est une réalité par lui-même qui n'a rien de virtuel : toucher un ballon en appuyant sur une touche est un geste aussi bien qu'en le frappant avec le pied.

De sorte que l'analogie, ici, est le rapport entre deux réalités : ludique et professionnelle.

▶ Évaluation

Énigme. Point. Solution. Point. C'est mathématique. L'évaluation est facile. Pas toujours.

– À part des considérations très générales, on ne peut procéder à une évaluation précise que si l'on a vécu la situation.

– Les commentaires sont abrégés faute de temps. Sans épiloguer des heures, on peut trouver une idée, une méthode.

– S'agit-il de jeux ? Malgré l'intérêt des sujets abordés, l'ennui, le faux sérieux : le plaisir est absent, oublié. Un rien pourtant crée l'ambiance, la bonne humeur.

– Les préoccupations internationales sont à souligner. La mondialisation contemporaine ? Depuis les origines, les migrations planétaires pacifiques ou belliqueuses ont provoqué des rencontres entre populations, comme leur nécessité : « Allez et enseignez toutes les nations ».

En somme, la gestion des contradictions – en soi-même une contradiction – suppose une logique, subtile, pleine de bon sens, au sein de l'incertitude.

Le parcours ludique a un bel avenir : l'aventure.

▶ Référence

Exemples probants de lieux, d'expériences, de personnages même méconnus, de documents actuels ou passés, sont autant de viatiques, de repères, pour nous assurer, nous rassurer, nous éclaircir l'horizon.

▶ Création de jeux

Un domaine peu exploré, un domaine d'avenir.

• *Les jeux artificiels*

Les inventer permet d'enrichir sa panoplie mais c'est surtout la meilleure façon de jouer. Mission difficile sinon impossible.

Ensorceleuse ou sorcière, une image ambiguë que tout le monde (?) connaît. Première opération : au début d'un séminaire mais en dehors de son cadre : trouver des images à double, triple sens. C'est la démarche des chercheurs. Avec de la chance derrière un paysage on dénichera un diable ! Deuxième opération possible : partons de l'idée d'utiliser un puzzle, le CRÉATEC, puis essayons nous-mêmes de trouver des formes insolites. Après quelques tentatives, l'invention se produira. Un jeu d'adulte – et pourquoi pas d'enfant ?

Néanmoins, prenons des précautions. Faire de l'étude un jeu risque de « mettre de l'ennui dans le plaisir et de la frivolité dans l'étude » (Madame de Staël). Alors choisissons, développons des situations dont le caractère ludique est prouvé ; il est toujours temps, ensuite, de réfléchir avec plaisir : amusons-nous, nous aurons des idées.

• *Les jeux naturels*

Nous oublions que le jeu est d'abord naturel – et lié à la vie. Il suffit de regarder autour de nous, en nous.

La communication physique – la circulation routière, maritime... – nous « offre » un nombre infini d'exemples souvent très plaisants. Observons n'importe quel panneau étrange, notons les réactions des itinérants, leurs réflexions et nous aurons un jeu tout fait, copie conforme.

De même écoutons, à notre tour, un psychanalyste qui interroge un directeur :

– Avez-vous des difficultés à prendre des décisions ?

– Euh ! Oui... et non.

Dès lors nous passons très facilement du jeu spontané au jeu élaboré, pour ne pas dire sophistiqué. « Watergate Games » – les jeux du Watergate – partent d'une réalité : les enregistrements des communications téléphoniques et aboutissent à l'analyse des stratégies des acteurs.

Mais on n'a pas attendu le Watergate pour apercevoir la relation jeu-communication. Les labyrinthes sont vieux comme le monde ; les Grandes Découvertes géographiques sont une autre forme de parcours, d'aventure avec les réussites et les échecs.

Les télécommunications actuelles et futures nous réservent bien des surprises. Dans nos actions. Pour notre plaisir.

Tant il est vrai que, comme le disait Schiller : « L'homme n'est pleinement homme que quand il joue. »

INTRODUCTION

L'enjeu des messages

> « On ne triomphe pas de ses adversaires en
> essayant de les convaincre.
> Il faut simplement attendre qu'ils meurent. »
>
> Max PLANCK
>
> – Oui. Mais si nous mourrions avant ?

L'émission des messages précède leur réception ; mais celle-ci se heurte à des difficultés qu'il faut connaître au préalable.

Première partie : la réception des messages
Un orateur (s'exprime), un auditeur (écoute). Parmi les schémas les plus simples – suffisants pour comprendre la nature des choses – laissons les autres aux érudits, par exemple Shannon :

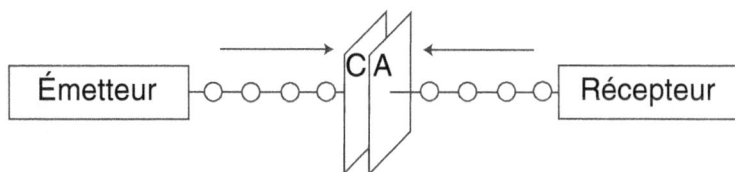

A : Le message apparent
C : Le message caché

Schéma 1 : *Une relation entre émetteur et récepteur*

Le cas est limite : en général, il n'y a pas un seul émetteur, ni un seul récepteur, ni un seul message. Ainsi de suite. D'où des situations variées, périlleuses parfois.

- *Les risques de l'information*

L'information peut être fausse, absente, complexe. Le récepteur loin d'être passif doit être vigilant.

- *L'observation de l'information*

L'information même parfaitement valable risque de passer inaperçue, influencée par des habitudes ou déformée par une perception subjective.

Dans le schéma n° 1, A représente le message apparent – par exemple une image – C le message caché : la signification de l'image.

Le récepteur doit faire un effort pour aller au-delà des apparences. Savoir ce que l'émetteur voulait dire ou prendre conscience du sens subjectif que lui, récepteur, attribue au message.

La communication est également rendue ardue par les erreurs volontaires : le récepteur ne veut pas d'information, il refuse de voir les faits, complice, en cela, de l'émetteur qui ne dispense pas les renseignements nécessaires, qui ne veut pas dévoiler la réalité.

« Dites un nombre entre 0 et 10 ». « 7 ». « Je dis 8 ; vous avez perdu, vous devez un café. »

Jeu anodin et phénomène important. Dans la vie, on oublie souvent de fixer les règles. Il est alors facile de dire : « Vous n'êtes pas dans la ligne » suivi parfois d'une sanction dramatique.

- *Le traitement de l'information*

Pour éviter les pièges, le récepteur de bonne volonté doit apprendre à se déconditionner, sortir de son cadre habituel, traiter les données reçues, mettre en œuvre toute son ingéniosité – en somme un jeu, le lude, activité libre, réglée, efficace et plaisante.

Un plaisir ! celui ressenti par tous ceux qui savent lire, dessiner, calculer (eh oui, les mathématiques)... et qu'il faut faire partager et savourer. Au premier degré : en jouant, tout simplement. Au deuxième degré : après la partie – en stages de formation notamment – lors des commentaires, analyses, débriefings (comme on le dit si élégamment) en deux mots la réflexion, le lude continue.

Car le jeu est une situation active. Si à son propos nous comprenons phénomènes, règles, méthodes, lorsque sensation, pensée, action sont intégrées, nous serons à même d'adopter un comportement efficace d'autant plus intéressant qu'il a sans cesse l'occasion de s'exercer. Nous passons une partie de notre temps à communiquer. Vital ! Des expériences pénibles le prouvent : l'individu complètement isolé dans une chambre noire, un caisson, ne recevant aucun message (et ne pouvant plus en émettre) perd tous ses moyens.

On admet ainsi que la liberté devienne nécessaire.

Deuxième partie : la création des messages
• *Les types de communication*

Le récepteur, s'il risque parfois de mal interpréter, le fait souvent de façon fort judicieuse.

Les annotations de Christophe Colomb, en marge du *Livre des merveilles* de Marco Polo, montrent tout le parti qu'en a tiré le futur amiral de la Mer Océane.

« Cantar de mio Cid » (chanson de mon Cid, édition bilingue, Georges Martin, Aubier, Paris, 1996), une légende historique du XIIe siècle a été reprise sans discontinuité jusqu'à Corneille et a influencé les hommes politiques français du XVIIIe siècle.

Il n'empêche que le messager du XXIe siècle connaît mal le comportement futur du récepteur.

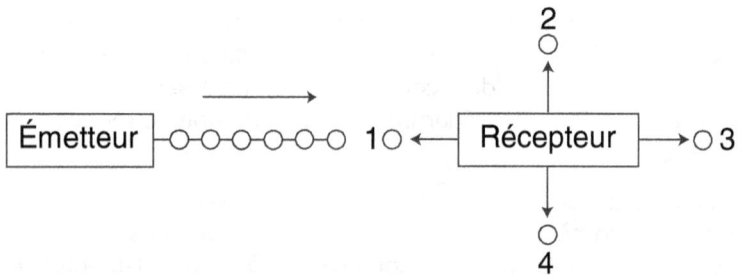

Schéma 2 : *Comportement possible du récepteur*

Il n'est pas nécessaire que le récepteur retienne tout du message reçu, il suffit qu'il en conserve l'élément (1) ; il peut le compléter (3), suivre des voies différentes (2 et 4).

Comment les recommandations aux automobilistes pour mieux se conduire seront-elles suivies ? Malgré publicité et police. Mal. Jusques à quand ? (*Quousque tandem ?* diraient les latinistes).

Heureusement, quelques règles sont utiles pour la création de certains messages oraux, écrits, graphiques.

• *La communication attrayante*

Nous savons que nous devons être clairs, précis, concis (à quel point ?). Savons-nous penser en image, avec humour, éclat, panache ? Stop.

• *Le renouveau*

Les nouvelles technologies de la communication et de l'information ?

On ne peut que se réjouir de l'apparition de moyens nous facilitant la vie professionnelle et privée, tout en gardant notre lucidité et notre ludicité.

NTCI ? Abus des abréviations et des termes à la mode (nouveaux, modernes) comme la jeune mère qui invente la maternité avec son premier bébé. Situons-nous dans une perspective passé, présent, futur qui évite d'être vite démodés. Le changement est alors plus rassurant, mieux assimilé : nous avons ainsi ces fameux repères dont on déplore la perte.

Malgré toutes les précautions : erreurs, déviations, effets pervers. L'organisateur, le technicien... doivent mettre en place des correctifs, des systèmes de redressement, de compensation. Mais avantages et inconvénients sont indissociables. Les problèmes demeurent. Soyons beaux joueurs, soyons philosophes.

• *Les sciences cognitives*

Sous le charme des neurones : la mémoire est la plus mécanique des fonctions du cerveau : le souvenir le plus enfoui peut être rappelé, sans même appuyer sur une touche. Dès que nous connaîtrons les secrets du mécanisme, il suffira d'une fois pour apprendre une langue ; nous deviendrons facilement des polyglottes. Vive enfin la Tour de Babel !

Au-delà des neurones : un document écrit exige un support matériel mais c'est plus que du papier et de l'encre. Un tableau, des couleurs, des pigments oui – dans « un certain ordre assemblé » (Maurice Denis). Ordre voici l'immatériel, comme l'espace, le temps.

« Longtemps, longtemps après que les poètes ont disparu, les chansons courent encore dans les rues » (Charles Trenet). Le buste de Néfertiti ? (traduction : La Belle que voilà.) Le sculpteur n'est plus. Néfertiti non plus. L'esprit, l'âme de l'époque demeurent : la valeur de notre civilisation.

Renouveau certes. Cependant les nouvelles technologies et les sciences cognitives bien assimilées n'ont pas un statut spécial (sauf dans la recherche). On les trouve diffuses à toutes les étapes de la communication qu'elles enrichissent. Sachons en profiter.

PREMIÈRE PARTIE

RÉCEPTION DE MESSAGES

Chapitre 1

RISQUES DE L'INFORMATION

Les erreurs

Information fausse, manquante, complexe : la liste n'est pas exhaustive. Parler de risques est un euphémisme. « Pas de problème ! » Nous sommes sûrs qu'il y en aura un.

On a beau dire : « Le lecteur (l'auditeur, le spectateur) aura rectifié de lui-même », une signalisation défectueuse, un retard, un détail : le rôti sera brûlé, ou la catastrophe. Incident, accident. Plus que des grains de sable.

Il est rare de trouver, comme dans un vieux château en Suisse, une pancarte indiquant : « Entrée secrète ».

Dans notre société présumée développée, les modes d'emploi font défaut ; ils cumulent tristement les failles et les faillites de l'information et de la communication.

La réalité dépasserait-elle l'affliction ? Plutôt que de nous lamenter retournons la situation. Avec du tragique faisons de la comédie. Il vaut mieux en rire que d'en pleurer.

Les plaisirs

« Écoutez la télévision ! » Soit, au fil des ondes :

Ce n'est pas quand le navire est au milieu du gué qu'il faut jeter l'éponge.
On a fêté noblement le centenaire de la Révolution.

La coordination va défiler en ordre dispersé.

Ah oui, je ne dis pas non.

La musique a eu le dernier mot.

Vous les trouverez partout où elles sont en vente.

Inondations : la flotte française a mouillé devant Djibouti.

Le match de boxe a dégénéré en pugilat.

Faut-il mettre de l'alcool dans des cerises à l'eau-de-vie ?

En trois mots, rapidement.

Peut-on écouter un écrivain parce qu'il écrit ?

Elle a réussi cette performance géométrique de faire un discours à la fois plat et creux.

Un créneau s'est ouvert ; il faut l'enfoncer.

Un tiers des actifs est chômeur.

Une croissance négative.

Quand on lance le micro-ordinateur le plus rapide du marché, les autres suivent, mais après.

Écoutez bien vous qui n'entendez pas : achetez un sonotone.

Malgré les barbelés le stade n'avait rien d'une galère.

C'est un point à souligner : de quel côté se situe le centre ?

Partons de l'humour parfois involontaire pour aborder le discours rhétorique (les oxymores, mots contradictoires), de l'énigmatique et anonyme :

Raz de marée cubain qui s'enlise

à la littérature poétique classique (Corneille, *Le Cid*) :

Cette obscure clarté qui tombe des étoiles
Enfin avec le flux nous fit voir trente voiles.

Mis en confiance devenons des "chasseurs de perles", inventons même

Jusqu'au bord de l'infini.

Information fausse

Titre

Un faux tournant.

But

Montrer visuellement le problème de l'information fausse.

Matériel

Diapositive ou photographie.

Méthode *(Voir également fiche n° 47)*

On présente le document et on demande aux participants :

1) De découvrir l'erreur (Le panneau de circulation indique un tournant à gauche alors que le tournant est à droite.)

2) De faire des rapprochements avec des bévues semblables dans le domaine de la circulation physique ou dans celui de la communication de l'information.

3) Une erreur facile à rectifier, peut-être.

Durée

15 minutes.

Participants

Nombre indifférent.

Idées

- Malgré tout le soin avec lequel on émet un message, des erreurs se produisent.
- Il faut donc :
  1) Détecter l'erreur, d'où la nécessité de s'entraîner.
  2) La corriger. (Cf. la formule : le lecteur aura rectifié de lui-même.) Ici, le conducteur, surpris, en a-t-il le temps ?

Analogie

- Toutes les activités de redressement d'erreurs (services de contrôle en usine, d'inspection comptable...)
- Les faux tournants de l'Histoire. (Voir fiche n° 72)

Risques de l'information

Évaluation

- Il y a des "fautes" involontaires et volontaires ; ludiques ou résultant de mauvaises intentions.
- Dans son souci d'efficacité, le jeu (comme l'organisation) cherche à réduire les erreurs et les errements.

Référence

- *Mesures et instruments de mesure*, J. Idrac (Dunod, Paris, 1960).
- *Le Jeu des sept erreurs*, H. Blanc et Ami (Julliard, Paris, 1968).
- *Un demi-siècle de signalisation routière 1894-1946*, Marina Duhamel (Presses des Ponts et Chaussées, Paris, 1994).
- *Les Routes de France au XIXᵉ siècle*, Georges Reverdy (Presses des Ponts et Chaussées, Paris, 1993).
- *Trompe-l'œil*, Miriam Milman (Skira, Genève, 1982).
  La règle du jeu. Les faux trompe-l'œil... « Pour établir la relation entre l'œuvre d'art et son spectateur il faut une réelle complicité. »

Un faux tournant

Information fausse

Titre

L'hippocampe.

But

Faire ressortir les difficultés de perception des erreurs.

Matériel

Document d'apparence claire, banale.

Méthode *(Voir également fiches n°4, n° 12, n° 18, n° 25)*

Présenter le document et demander d'y découvrir la confusion.
Variante : Demander de dessiner la forme générale d'un hippocampe.

DESCUBRA REALMENTE LA COSTA DEL SOL

DISCOVER THE COSTA DEL SOL
DECOUVREZ LA COSTA DEL SOL
ENDECKEN SIE DIE COSTA DEL SOL

SOFICO

APARTAMENTOS EN ALQUILER
FOR RENT ● ZU VERMIETEN
EN LOCATION

Où est la faute ?
Réponse page 28

Durée

3 minutes.

Participants

Nombre indifférent.

Idées

* Rôle de l'attention.
* Nécessité d'une référence (avoir en mémoire l'image exacte d'un hippocampe).

Risques de l'information

- Danger des fausses associations : la forme en S nous est plus naturelle que la forme en E.

Analogie

- Toutes les activités donnant lieu à la comparaison d'un document produit par rapport à un document original.
- Ergonomie des postes de pilotage (tableaux de bord).

Évaluation

- 80 % de personnes ne voient pas l'erreur ou donnent la forme en S comme étant celle de l'animal.
- Par extension, une nouvelle règle de jeu : on nous a habitués à trouver des solutions exactes à des problèmes corrects. Il convient aussi de nous entraîner à corriger fautes et problèmes erronés – trouver des solutions justes à des problèmes faux.
- Avec un peu de chance on découvre les solutions avant les problèmes.

Référence

Écoles d'organisation scientifique du travail.

La vraie forme de l'hippocampe

Information manquante

Titre

Chantilly.

But

Montrer visuellement l'importance du manque d'information.

Matériel

Dessin inspiré d'une situation réelle.

Méthode *(Voir également fiches n° 28, n° 49)*

On représente le document et on demande aux participants :

1) De découvrir l'information manquante, de la critiquer (quelqu'un a éprouvé le besoin d'ajouter S.N.C.F., c'est-à-dire la gare) ou de la justifier (existence d'un autre panneau ?).

2) De soulever d'autres problèmes de communication par exemple : lisibilité du panneau (Chantilly).

Variante :

On cache l'inscription S.N.C.F. et on demande : « À quelle information importante pourrait correspondre la branche coupée ? » Réponse : gare ou centre-ville.

Cette image peut servir à un animateur ou conférencier d'introduction aux problèmes de communication.

Risques de l'information

Durée

3 minutes.

Participants

Nombre indifférent.

Idées

- Le développement des systèmes de communication s'explique par le besoin de faire face au manque d'information.
- L'abondance de l'information n'est pas nécessairement une bonne réponse. Ce qui compte c'est l'information utile.

Analogie

Le trafic routier et la signalétique font partie du domaine industriel (travaux publics).

Les mêmes questions se posent dans l'entreprise : comment s'orienter rapidement dans un magasin ou comment trouver facilement le bureau 612 dans une grande entreprise ?

D'une façon générale, la circulation est une source inépuisable d'illustration des problèmes de communication.

Évaluation

- Faire le bilan, d'une part de ceux qui trouvent que l'information « S.N.C.F. » manque et, d'autre part, de ceux qui pensent le contraire.
- Ajouter les situations déplaisantes paradoxales.
  « En panne », « En dérangement », « À quoi bon aller sur la Lune si l'on est prisonnier d'un bouchon de 600 km ? », « Hôpital fermé pour cause de maladies », « Réseau saturé ».

Référence

- *Connaissance de la signalisation routière*, (Cahier d'Études de l'O.N.S.E.R. – Paris, avril 1975).
- *Doing Business in Japan, Hong-Kong, Taiwan*, Cassettes vidéo (Formavision, Paris, 1993).
  Pour éviter les malentendus culturels.
- *Médias et communication de crise*, Régis Revert, (Economica, Paris, 1997).

Information manquante

Titre

Sud-Marocain.

But

Illustrer les pièges d'une information apparemment simple, claire, nette.

Matériel

Photographies.
Au verso.

Méthode *(Voir également fiches n° 17, n° 51)*

- Demander : « Décrivez la photographie en précisant :
  1) Le pays où se situe l'action.
  2) L'élément (mer, lac, fleuve, ruisseau).
  3) L'arrière-plan (infini, plaine, colline, montagne). »
- Confronter les réponses.
- Donner la solution :
  1) Le Sud-Marocain.
  2) Un fleuve près de sa source : le Dadès encore un ruisseau (4 mètres de large).
     Image n° 1
  3) Des montagnes abruptes : il s'agit des Gorges du Dadès.
     Image n° 2

Durée

10 minutes.

Participants

Nombre indifférent.

Idées

- La présentation de l'information modifie cette information.
- Difficulté de reconstituer l'information à partir d'un petit nombre d'éléments.

Analogie

L'interprétation des photographies en métallurgie.

Risques de l'information

Évaluation

Au choix.

Référence

- *École de l'image*, Bernard Favrel (Les Éditions du Sénevé, Paris, 1971).
- *Photolangage*, Alain Baptiste et divers (Éditions d'Organisation, Paris, 1991).

Information manquante

Titre

Par ici la sortie.

But

Illustrer l'information sous-entendue.

Matériel

Diapositive ou dessin d'un panneau dans le métropolitain.

Méthode *(Voir également fiches n° 11, n° 49)*

On présente le document et on demande aux participants de découvrir l'information non explicite :

Pour sortir.

Passez par le porche au-dessous de ce panneau.

Montez les marches (en face).

Vous trouverez la sortie (à gauche).

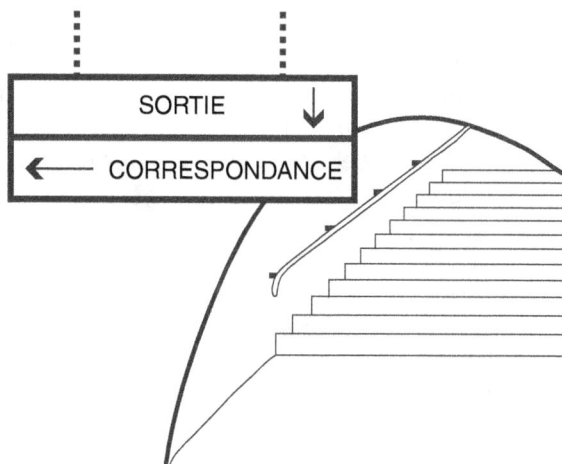

Durée

3 minutes.

Participants

Nombre indifférent.

Risques de l'information

Idées

- Le nombre de sous-entendus.
- La nécessité de l'expression verbale et graphique (flèche).
- La notion de code : la flèche de sortie signifie à la fois « dessous, devant et à gauche ».

Analogie

Panneaux de sécurité. Arbres de décisions.

Évaluation

Validité de ce type de message : quelles sont les limites à ne pas dépasser ? « J'ai vu la pancarte DANGER mais je ne l'ai pas lue. » (Il n'y avait rien d'autre !)

Référence

- *Perception et compréhension du panneau « Cédez le passage »*, D. Moukhwas (Cahier d'études de l'organisme national de sécurité routière, Bulletin n° 36, Paris, mai 1976).
- *La Carte, mode d'emploi*, Roger Brunet (Fayard/Reclus, Paris, 1987).

  « Pour comprendre, agir, rêver. Un instrument fascinant, transfiguré par les satellites et les ordinateurs, qui dévoile les ordres, les désordres et les mouvements de monde. La carte, un langage neuf et universel, qui s'exprime par des formes et se révèle par des modèles. »
- *Cartes et figures de la Terre*. Jean-Loup Rivière (Centre Georges Pompidou, Exposition et catalogue, Paris, 1980).

  « La cartographie au point de jonction de la technologie, du graphisme, de la communication, de la science et des arts plastiques. »

  Remarquable. Lire, notamment : *Terra incognita. Errer est humain. Des cartes en Espagne. Les poissons cartographes. Le caché. Images et codes.*
- *Accidents dans les tunnels : Kitzsteinhorn et autres* (Journeaux du 13 novembre 2000).

  Doit-on s'échapper vers le haut, le bas, à droite, à gauche, devant, derrière ? Décisions capitales, élémentaires, rapides. Sur quelles informations se baser ?

Information complexe

Titre

Abondance de biens...

But

Voir que l'abondance de l'information nuit à sa compréhension.

Matériel

Photographie.

Méthode *(Voir également fiches n° 39, n° 41)*

- On présente le document et on demande aux participants d'analyser les erreurs commises.
- On demande de rechercher ou de citer d'autres exemples.

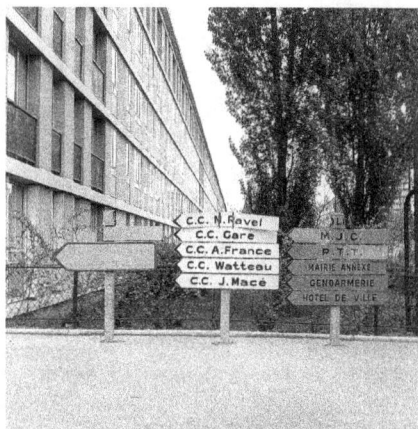

Durée

30 minutes.

Participants

Nombre indifférent.

Idées

- Informations trop abondantes pouvant se résumer en une seule : « Centre ».

35

- Informations peu claires (piscine municipale) qui risquent d'être cachées par des passants, par des véhicules.
- Informations manquantes (panneaux cassés).

Analogie

Listings informatiques.
Tableaux de bord financiers.

Évaluation

Fluidité, transparence, dans les transports, les entreprises, les États ?
On peut toujours essayer.

Référence

- *Codir espace* (Sept-à-dire, Strasbourg, 2004).
  Sauvetage dans l'espace. Simulation multimédia du dysfonctionnement d'une entreprise avec simultanément exercices de pliage de papier avec message secret (pour déplier l'esprit ?).
- *Les Maladies de l'information*, Claude Vautrin (Revue C.N.O.F., n° 7, Paris, juillet 1967).
- DIAPOTEST (Code Rousseau. Les Sables-d'Olonne, 1987).
- *Lecture des cartes routières*. (A.F.T. et Michelin, Paris, 1987).
- *Maîtriser la communication dans l'entreprise. La réussite au quotidien.* Jean-Pierre Lehnisch (Éditions d'Organisation, Paris, 1988).
- *La Communication interne. Vers l'entreprise transparente.* Emmanuel Dupuy et divers (Éditions d'Organisation, Paris, 1991).
- *Manager le système d'information de votre entreprise.* Alain Vincent (Éditions d'Organisation, Paris, 2000).
  « La logique actuelle de l'entreprise est axée sur les coûts et encore trop peu sur la valeur humaine. »
- *Du Ricard dans mon Coca*, C. Becker (Éditions d'Organisation, Paris, 2002).
  Approches inédites – économique, politique, philosophique, linguistique – des marques.

Information complexe

Titre

Le « Pasteur »

But *(Voir fiche n° 50)*

Montrer le phénomène de l'information, symbolique, inaperçue.

Matériel

Reproduction en fin d'ouvrage. (Images de ludicité)

Méthode

On présente le document et on demande de recenser les renseignements qui y sont contenus.

Durée

5 minutes.

Participants

Nombre indifférent.

Idées

- Faute de percevoir sous le bateau l'image discrète figurant l'Amérique du Sud, l'ombre de l'Afrique à droite, et les nuages blancs en forme d'îles, le spectateur ne comprend pas le message : « Le Pasteur faisait le trajet Europe-Amérique du Sud et retour. » Pourquoi l'Afrique ?
- Le symbole est un type de code, ici peu clair.
- La faute est-elle imputable au récepteur, à l'émetteur, au dessinateur ?

Analogie

Compréhension des affiches.

Évaluation

Un exemple simple pour une vérité fondamentale : le sens caché à découvrir.

Risques de l'information

Référence

- *La Mer s'affiche*, Daniel Hillion (Éditions Le Marin, Nantes, 2001).
- *L'Affiche dans la société urbaine*, Abraham Moles (Dunod, Paris, 1969).
- *L'Usine s'affiche*, Michel Greif (Éditions d'Organisation, Paris, 1994). Exemples à suivre et à ne pas suivre.
- *L'Aventure des figures impossibles*, Bernard Ernst (Benedikt Taschen, Berlin, 1990).
  En français :
  « Les figures impossibles sont un stimulant pour l'imagination ; elles donnent accès à un monde nouveau et nous apprennent quelque chose sur cette opération incroyablement complexe que nous appelons vision. »
- *La Science des illusions*, Jacques Ninio (Odile Jacob, Paris, 1998).
  « Pour le biologiste, l'illusion est l'indice qui révèle comment le cerveau traite les données, elle apporte la preuve par l'erreur. »
- *Au cœur des tempêtes*, René Martin (Éditions Marine, Rennes, 2005).
  Aventures et communication marines.

Information complexe

Titre

Les Messageries.

But

Illustrer les « bruits » dans la communication et la nécessité de traiter l'information pour les éliminer.

Matériel

Planche en fin d'ouvrage.

Méthode *(Voir également fiches n° 7, n° 51)*

On représente le document.

On demande :

* De découvrir sa signification.
* D'évaluer ce type de communication.

Durée

10 minutes.

Participants

Nombre indifférent.

Idées

* Sacrifice de la clarté de la communication pour éviter la banalité, c'est-à-dire la représentation fidèle d'un bateau de la Compagnie des Messageries Maritimes : Vue en contre-plongée.
* Nécessité en contrepartie pour le spectateur de faire un effort.

Analogie

* Lancement d'un produit par l'intermédiaire d'affiches publicitaires présentant un caractère énigmatique pour intriguer le public.
* Traitement des images.

Évaluation *(Voir fiche n° 62)*

De la compréhension de l'image classique en 2 D à l'absence d'une perception immédiate d'une image en 3 D (stéréo-gramme) : d'une difficulté à une autre.

Référence *(Voir fiche n° 62)*

- *Illusions*, Edi Lanners (Éditions Hier et Demain, Paris, 1975).
- *Stéréomagie*, Jacques Ninio (Seuil, Paris, 1994)
  Voir et construire des images secrètes.
- *Stéréogram*.
  Préface de Howard Rheingold (Cadence Books, San Francisco, 1994). Histoire des différentes techniques – Profils d'artistes.
  En anglais.
- *Another Dimension*.
  (21st Century Publishing, Los Angeles, 1994). Œuvres.

Information complexe

Titre

INTERNET : une médaille – et son revers : un monde erratique.

But

Analyser une déstabilisation de l'information.

Matériel

Les articles de la presse d'actualité (par exemple : journal *Le Monde*, Paris, 12 août 2000) : « Les nouvelles modes rythment le marché des valeurs Internet ».

Méthode *Souligner les réflexions du journaliste :*

« Après avoir plongé en 1999 et plus encore au printemps 2000 dans le sillage des valeurs liées à Internet, le Nasdaq, le marché américain des valeurs de haute technologie, *les envolées des cours* et *les soudaines désaffectations* n'ont pas disparu.
L'engouement se porte aujourd'hui sur les sociétés spécialisées dans la transmission des données » (Enguérand Renault)
N. B. : Il sera curieux de confronter ce texte et nos opinions aux récits et événements d'ici à 10 ans.

Durée

Au choix.

Participants

De statuts différents. En nombre indifférent.

Idées *(Voir fiche nº 64. Une consultation sur Internet.)*

* Internet, et *tutti quanti*, ne méritent ni excès d'honneur, ni indignité.
* Le progrès, le changement accélérés deviennent insupportables pour les profanes comme pour les spécialistes. La connaissance ne suit pas, un paradoxe pour des systèmes de communication ; la multiplication des appareils conduit à la multiplication des pannes.

Analogie

* L'apparition de l'imprimerie, le déclin de formes de l'expression orale, le bouleversement de l'écriture au Moyen Âge.

- Le jeu qui est liberté, règle en vue de l'efficacité et du plaisir évolue aussi malgré une stabilité plus grande.

Évaluation (Voir le Créatec, rabat de couverture)

- Ne pas oublier la satisfaction de « manipuler » des symboles, des machines en somme des jouets.
- Une évaluation judicieuse des avantages et inconvénients – au lieu d'une fuite en avant – et de l'abus des termes « Nouveaux », « Modernes », « Jeunes » avec des majuscules et de l'ostracisme à l'égard de leurs prétendus contraires.
- Heureusement, certains continuent à défendre les couleurs d'Archimède.
- Parmi les solutions, l'élaboration de différents scénarios possibles et l'emploi de jeux de rôles : le profane ingénu dans celui de technicien averti – le spécialiste désabusé dans celui du néophyte convaincu (ou désemparé).
- L'essentiel est de maîtriser l'évolution, c'est-à-dire de l'organiser.

Référence

- *Nouvelle économie : le défi de la productivité.*
  Pierre-Antoine Delhommais (journal *Le Monde*, Paris, 2 août 2000), « Un dessin humoristique : les économistes se demandent pourquoi l'informatique n'a pas fait décoller la productivité. On y voit quatre employés. Le premier télécharge la nouvelle version du jeu Space Kombat. Le deuxième envoie un e-mail à un ancien flirt d'université. Le troisième fait des soldes sur Internet. Le quatrième consulte un site érotique... L'incroyable succès d'Internet a relancé chez les experts le débat sur la contribution réelle de la nouvelle économie à la croissance. »
- *Tout sur les jeux d'argent sur le Net* (Revue Net@scope, Paris, juillet 2000).
  Les loteries, paris sportifs, enchères (le Net est en lui-même une loterie).
  Une extension de vieux systèmes.

Information complexe

Titre

Une leçon d'arboriculture.

But

Reconnaître nos manques intellectuels et découvrir les sciences cognitives.

Matériel

- Un petit problème :
  Un jardin est composé de 4 rangées de 3 arbres. La tempête du siècle (1999) abat les arbres. Pour des raisons d'économie, le jardinier ne veut acheter que 6 arbres. Comment peut-il les planter pour avoir de nouveau 4 rangées de 3 arbres ?
- Du papier et un stylo (un ordinateur ne ferait que compliquer la situation).
- De la réflexion et de l'ingéniosité (solution page 45).

Durée

Au choix – avec éventuellement un temps de repos (une nuit par exemple).

Participants

Plus on est de curieux...

Idées

- Il s'agit :
  1) Évidemment de trouver la solution non évidente – du moins de chercher.
  2) De connaître les méthodes, bonnes ou mauvaises, utilisées par les participants (intuition, géométrie, schémas, raisonnement).
- Ce genre de problème est classique dans la culture ludique et mathématique ; mais elle se contente de donner la solution sans montrer ni démontrer les méthodes possibles, les difficultés et les causes d'erreurs.
- La psychologie est aussi de la partie, suivie des sciences cognitives et des neurosciences.

Risques de l'information

Évaluation

- Un domaine passionnant, semé d'embûches.
- Quelle méthode choisir ? Il n'y a pas de modèle disponible au préalable.
- La cognition : les « causes »biologiques ne sont pas toutes élucidées sauf dans les cas extrêmes :
  - ▸ Sans tenir compte des neurones : si l'œil fonctionne, à quoi sert de voir les lettres si l'on ne sait pas lire ni interpréter les images ?
  - ▸ En tenant compte des neurones : si l'œil ne fonctionne pas (myopie...), on ne voit pas les lettres, impossible de déchiffrer.

Analogie

- La signalisation (la signalétique) dans les établissements hospitaliers.
- Tous les jeux. Mais jouer habilement exige entraînement, apprentissage des situations ambiguës, insolites...

Référence

- *L'Œil qui pense.* Roger N. Shepard (Odile Jacob, Seuil, Paris, 1992).
  « Une psychologie cognitive » qui s'affirme comme « un jeu de l'esprit dans la perception et les beaux-arts ».
- *La Grammaire du voir. Essai sur la perception*, Gaetano Kaniza (Diderot Éditeur, Arts et Sciences, Paris, 1997).
  Un remarquable examen scientifique et ludique soit des erreurs de perception, soit de la logique du cerveau. Exemples : une devinette (p. 278 de *La Grammaire du voir*) : « Sous un pont passent en nageant deux canards devant, deux canards derrière, deux canards au milieu. Combien y a-t-il de canards ? Réponse : 6 ? Non : 4 canards en file indienne ».
- *Labyrinthe. Du mythe au virtuel* (Paris-Musées, Jardins de Bagatelle, 4 juin-14 septembre 2003).
  Symboles séculaires et contemporains, esthétiques, entre plaisir ludique et peur, nature et artifice. Voir p. 100.

• La solution des 6 arbres selon la méthode Risler (graphiste).

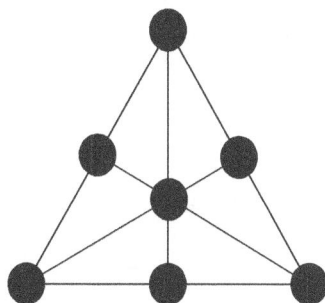

1. 4 rangées de 3 arbres = 12 arbres.
2. La figure cherchée doit donc comporter des rangées comportant un grand nombre de points communs.
3. Le triangle est la figure qui comporte le plus petit nombre de rangées de ce type : 3 côtés + 3 bissectrices donnent 6 rangées de 3 « arbres » et demandant 7 arbres.

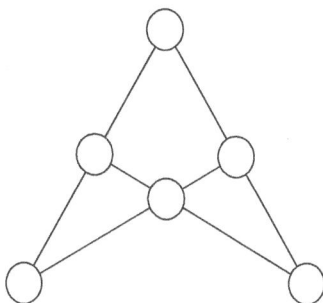

En supprimant une bissectrice et le côté qui lui est perpendiculaire, on élimine 2 rangées et 1 « arbre », restent 4 rangées de 3 arbres pour au total 6 arbres.
Cqfd !

Chapitre 2

OBSERVATION DE L'INFORMATION

Satellites

L'observation, la transmission : le cœur de la communication : Spot, Hipparcos, Envisat et les autres. Exploit technique devenu habituel. Le ciel vu de la terre ; la terre vue du ciel. Spectacle féerique, inoubliable.

Mais aussi les relations de l'homme et de l'instrument. Quel est le rôle de l'individu et du robot, leur place respective ? L'astronomie a été bouleversée. Les astronautes ont-ils été transformés ? Que sont-ils devenus, ces hommes venus d'ailleurs, revenus sur Terre ? Vie modifiée en bien, en mal ? Ou toujours prudents (comme Napoléon) : « Tu sais, ce qui m'ennuie avec Chris, c'est qu'avec elle c'est l'aventure. »

Au-delà des destins individuels – la science et la technique rejoignent la philosophie, la religion. D'où venons-nous ? Où allons-nous ? Pourquoi ? Pour quoi ?

Images d'Épinal

« La bergère est là. Voyez-vous le berger ? » Pittoresque, amusant. Dérisoire, enfantin, vieux jeu ? Le prince charmant n'est pas toujours facile à trouver surtout quand on ne nous donne pas la réponse ce qui est la tradition dans ces devinettes. De toutes façons, il n'y a plus de bergère ni de prince.

La perception est à l'honneur. Depuis les illusions d'optique, les objets impossibles jusqu'aux mécanismes de la vision. Cette vision risque d'occulter le fait qu'il y a peut-être d'autres sens.

La perception exige l'interprétation. Figures évidemment ambiguës. Mais quelle image n'est pas énigmatique ? Un paysage n'a pas la même signification pour tout le monde.

Le développement de l'esprit suit-il ?

On apprend à observer. L'entraînement exerce les « facultés ». On change de regard. Changeons-nous pour autant, nous qui ne sommes pas des cosmonautes ? Sans doute. Dans quelle mesure ?

C.I.E.L.

Avec un terminal de composition, dessinons sur l'écran des points blancs sur fond bleu : la Voie lactée et l'étoile Polaire.

Programmons également un point bleu sur fond bleu. Il n'apparaît pas sauf si le lecteur a l'idée d'afficher un fond blanc.

Grâce à ce point bleu, nous avons créé l'image d'un trou noir.

Fantaisie ? Jeu sibyllin ?

Qu'il s'agisse d'images d'Épinal, de satellites, à la base de l'observation, une idée fondamentale, classique : il y a, quelque part, des informations secrètes, ignorées, cachées volontairement ou non, à découvrir, à redécouvrir, si nous avons le code ; ou bien sont-elles perdues, inaccessibles ? À jamais ? Qui sait ?

En somme, une « machinerie », une logique : un grand jeu : le Jeu du Monde.

Observation objective

Titre

Où diable est-il ?

But

Apprendre à observer les faits selon plusieurs points de vue.

Matériel

Reproduction d'une estampe.

Méthode *(Voir également fiches n° 5, n° 46, n° 60)*

- On présente le document.
- On invite les participants à noter leurs observations sur une feuille de papier.
- On compare les observations.

Fortier, Paris, 1805.

Durée

De 1 seconde à 15 minutes.

Participants

Nombre indifférent.

Idées

- Inconvénients d'une communication analytique, non globale.
- Difficulté de voir d'une manière originale, indépendante des apparences (le paysage) et des habitudes (le paysage est en même temps un « diable » qui n'apparaît que si l'on tourne la feuille, c'est-à-dire quand on modifie la façon de lire).

Observation de l'information

Analogie
Lecture de schémas ou de cartes sans les orienter.

Évaluation
À défaut de changer le monde, changeons de regard.

Référence
- *Vieux Papier, vieilles images*, John Grand Carteret (Le Vasseur, Paris, 1896).
- *L'Œil qui rit*, Michel Melot (Office du Livre, Fribourg, 1975). Caricature, schématisation, anthropomorphisme, jeux d'images, procédés littéraires, dessins d'humour.
- *Le monde à l'envers*, Frédérick Tristan (Hachette/Massin, Paris, 1980).
- *Les Décodeurs de l'espace*. Cassette vidéo. CEMAGREF. (Ministère de l'Agriculture, de la Pêche et de l'Alimentation, Paris, 1996). La télédétection, l'une des sources d'images géographiques précises
- *Envisat*. Valérie Greffoz (Revue Science et vie, Paris, novembre 2004) « 900 jours d'images choc ».

Le diable

Observation objective

Titre

L'étoile cachée.

But

Illustrer la difficulté de trouver l'information utile au milieu d'autres informations.

Matériel

Un dessin.

Méthode

- On présente le document.
- On demande d'y découvrir une étoile cachée.
  Variante : on présente le document et on demande d'y découvrir un « secret ».

Durée

3 minutes.

Participants

Nombre indifférent.

Idées

- L'information utile cachée volontairement ou non par des informations parasites.
- L'information rendue plus difficile par l'ignorance de ce que l'on cherche (variante) ou par une idée préconçue (étoile à 6 branches).

Analogie

Lecture de bilans, de statistiques.
Camouflage.

Observation de l'information

Évaluation

Importance des connaissances préalables, de « l'expérience » : l'étoile, une fois repérée, apparaît immédiatement dans le tableau énigmatique.

Référence

- *Les Casse-tête mathématiques*, de Sam Lloyd, tome 1, M. Gardner (Dunod, Paris, 1970).
- *Voir, comprendre, analyser les images*, Laurent Gervereau (La Découverte, Paris, 1994).
- *ERS 1. L'œil du radar* (Revue *Science et Avenir*, Paris, janvier 1995). Bilan en images d'un satellite d'observation surdoué.
- *Le Livre-jeu des hiéroglyphes*, Viviane Koenig (Larousse, Paris, 1991/The Metropolitan Museum of Art, New York – imprimé à Hong Kong, cf. Champollion et le déchiffrement grâce à la pierre de Rosette).

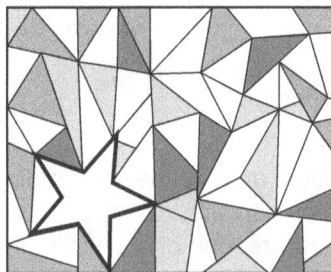

Observation objective

Titre

Une énigme à trois temps.

But

Illustrer l'effort d'observation et de compréhension exigé d'un spectateur suivant les conditions où il se trouve.

Matériel

Trois reproductions en couleurs d'une affiche S.N.C.F.

Méthode

1) On présente la reproduction correspondant au cadre de l'image très limitée ci-jointe : p. 54
   Les spectateurs notent la signification qu'ils attribuent à l'image.

2) On présente la reproduction correspondant au cadre de l'image ci-jointe : p. 55
   Les spectateurs notent la signification qu'ils attribuent à l'image.

3) On présente la reproduction correspondant à la totalité de l'affiche : p. 56
   Les spectateurs notent la signification qu'ils attribuent à l'image.
   Photographies : voir encart couleur in fine.

Durée

1) 6 minutes ; 2) 4 minutes ; 3) 1 minute.

Participants

Nombre indifférent.

Idées

* Ici, la communication est fonction de la quantité d'information.
* La quantité d'information à communiquer varie selon les récepteurs. Dès le cadre 1, certains devinent qu'il s'agit de rails représentant le sigle S.N.C.F. Dans le cadre 3, il y a encore des personnes qui ne reconnaissent pas le sigle.

Observation de l'information

Analogie
Perception des affiches de sécurité.

Évaluation

	Observateurs ayant perçu		
	les rails	le sigle	les rails et le sigle
Fiche p. 54			
Observateur 1	X		
Observateur 2			
Observateur 3			X
Fiche p. 55...			
Fiche p. 56...			

Référence
Connaissance de la signalisation routière, *Cahiers d'études de l'Organisme national de sécurité routière*, Paris, avril 1975.

Observation de l'information

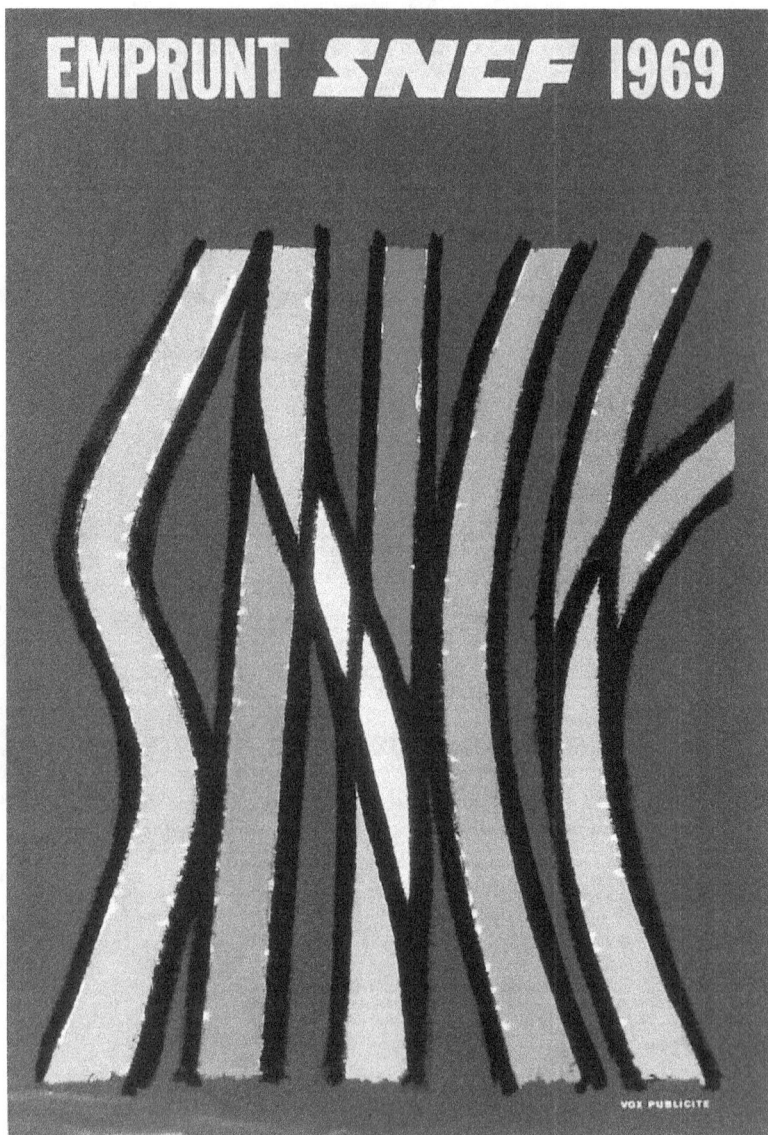

EMPRUNT *SNCF* 1969

VOX PUBLICITE

© Caisse Epargne

Observation objective

Titre

Image en mouvements.

But

Analyser des représentations mentales.

Matériel *(Voir p. 59)*

Le dessin d'une forme obtenue à partir du Créatec (puzzle à 7 pièces).

Méthode *(solution p. 121)*

Il s'agit de trouver la signification d'une forme inachevée, sachant que :

1) il y a 2 pièces : n°s 2 et 6 à déplacer verticalement selon les axes a et b, les autres pièces étant immobiles ;
2) les opérations doivent se faire dans notre esprit ;
3) l'image finale est un ensemble dont toutes les pièces sont jointives.

Indice : il s'agit d'une lettre.

Variante 1 : le sphinx éloigne plus ou moins toutes les pièces.

Variante 2 : les mêmes consignes peuvent s'appliquer à la croix grecque (fiche n° 17).

Durée

Rarement 1 seconde bien que la situation soit relativement simple.

Participants

Le « travail » étant individuel, le nombre importe peu.

Idées

* Pourquoi le cerveau cale-t-il lors des opérations dans l'espace alors qu'il est très à l'aise pour des calculs ?
* Les sciences cognitives, neurologiques ne répondent pas à la question.
* Il existe, ici, une difficulté supplémentaire : une fois toutes les pièces assemblées, la signification n'apparaît pas évidente. La forme de la lettre n'est pas habituelle – ou bien on ne pense

pas *a priori* à une lettre : il faut souvent avoir une idée de ce que l'on cherche.

Analogie

* Dessin technique, industriel (du genre ensemble éclaté : un moteur en pièces détachées).
* Les problèmes que doivent résoudre les pilotes d'avion de chasse (vitesse, position, cible, réaction du corps, utilisation des instruments).

Évaluation

* Ce n'est pas un exercice ludique théorique : la construction d'une figure à partir de 7 éléments reproduit exactement les conditions de la variante 1 (ensemble éclaté ; désordonné).
* La manipulation – opération manuelle des pièces – simplifie la découverte de la solution.
  Le problème se déplace : quelle méthode employer ? Quelle forme inventer ?
* L'utilisation d'écrans d'ordinateurs permet une décomposition des mouvements parfois spectaculaires. De même, le dessin animé. Il reste que là aussi il y a des surprises finales, des illuminations.

Référence

* *Le Livre du puzzle*, Linda Hannas (Fernand Nathan, Paris, 1981). L'histoire du puzzle depuis 200 ans. Belle présentation.
* *Tangram* (Éditions du Chêne, Paris, 1974).
  Un carré, un parallélogramme, cinq triangles de dimension différente, en noir, avec commentaires. Reconstituer des figures indiquées exige un effort et la joie naît de cet effort même.
* Cognition.
  L'image en mouvements : modèle réduit des sciences cognitives.
* *Le Cerveau et le mouvement*, divers auteurs (Revue Science et Vie n° 204, Paris, 1995).
  Comment nos gestes construisent notre pensée.

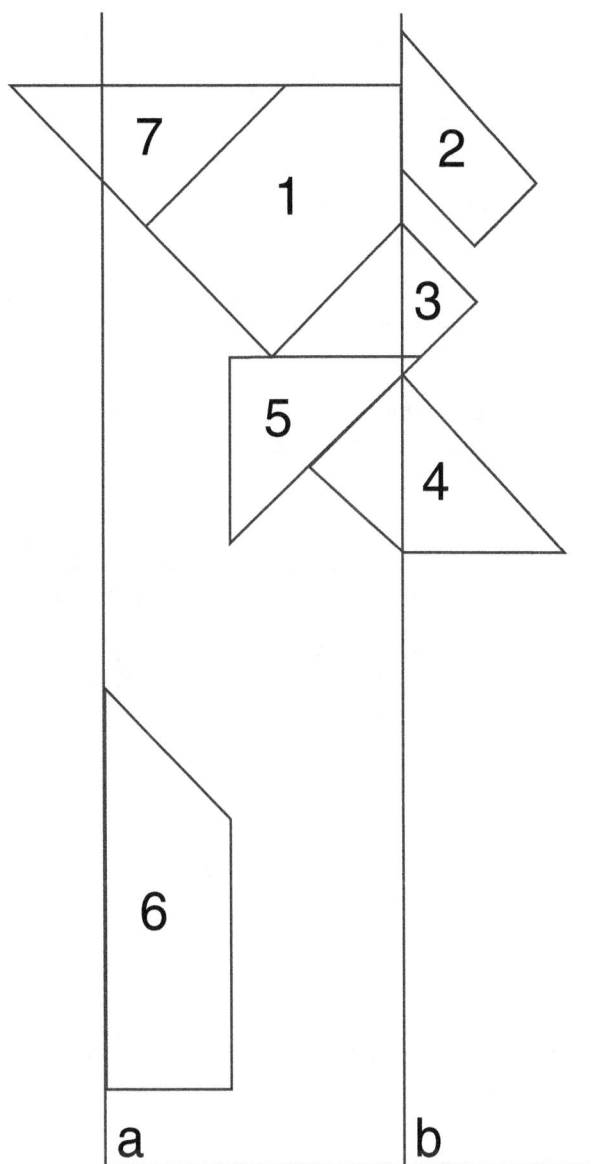

La pièce 6 se déplace suivant l'axe a
La pièce 2 se déplace suivant l'axe b

Observation objective

Titre

Sensations fortes.

But

Développer nos sens et sensations.

Matériel

Procédés, outils classiques et en cours de développement : l'informatique, la cognition.

Méthode

Selon les sens et les matériels « gants, manettes, souris à retour d'effort, pour saisir la réalité virtuelle » et « la réalité réelle – des lunettes, des casques ».

Durée

De quelques minutes à des années d'entraînement.

Participants

– Des opérateurs, des exécutants, mais pourquoi pas des responsables, des dirigeants ? Cela leur ferait le plus grand bien.
– Des joueurs et ludologues.

Idées

• Des projets anciens, les moyens techniques et financiers manquaient.
• Le rôle des terminaisons nerveuses, des récepteurs sensoriels (fuseaux neuromusculaires...) qui fournissent au cerveau des informations sur la longueur et la tension des muscles. Ainsi de suite.

Analogie

Formation des astronautes.
Robotique : les hommes font les gestes, les robots apprennent à les imiter.
Simulateurs traditionnels.

Évaluation

• Un intérêt pratique considérable.

- Tout reste à faire. Par exemple pour le ski, les dispositifs sont très loin de reconstituer les sensations et la réalité : la situation est ludique mais ne permet guère de faire des progrès en ski.

Référence

- *Les Cinq Sens*, Michel Serres (Hachette, Paris, 1998).
- Recherches du laboratoire de robotique de Paris, du CNRS et de l'université de Versailles (an 2000).
- *L'Œil et la vision* (Revue Science et Vie, n° 216, Paris, septembre 2001). Comment le cerveau construit les images.
- *101 expériences de philosophie quotidienne*, Roger-Pol Droit (Odile Jacob, Paris, 2001). « Rien à comprendre. Tout à éprouver. » Original.
- *Traité des couleurs*, Libero Zuppiroli et al., Presses polytechniques et universitaires romandes, 2001. Photographies splendides... équations, formules chimiques.

Habitudes favorables et défavorables

Titre

La croix latine.

But

Mettre en jeu les habitudes favorisant la compréhension et l'exécution des messages.

Matériel

1 Créatec (puzzle à 7 pièces) par participant.

Méthode *(Voir également fiche n° 17)*

- Demander aux participants de réaliser une croix latine en se servant des 7 pièces du Créatec.
- Leur demander de noter leurs difficultés et la façon dont ils ont trouvé la solution.

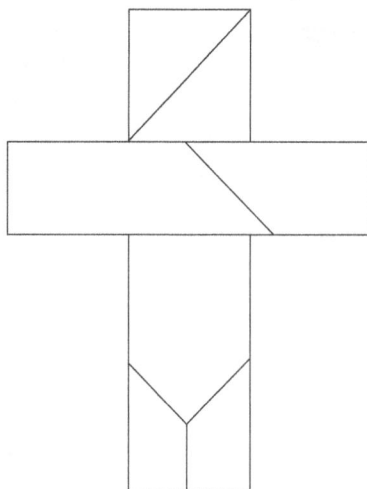

Durée

5 minutes.

Participants

De 2 à 8 personnes.

Observation de l'information

Idées

- Nous avons l'habitude :
  1) d'assembler les objets 2 par 2 ;
  2) de constituer des ensembles verticaux et horizontaux.
- Cette habitude nous aide à résoudre le problème.

Analogie

Exécution d'une tâche de routine.

Évaluation

- Comparaison des méthodes de solution.
- Une occasion d'aborder le symbolisme des croix.

Référence

- Cercle amical des organisateurs permanents.
- *Images à méditer,* Gilbert Béville (Maloine, Collection Université de Technologie de Compiègne, Paris, 1977).
- *Les nomades ont l'habitude de prendre vite des habitudes.* Dicton.

Habitudes favorables et défavorables

Titre

La croix grecque (ou le signe : plus). Également croix de saint André.

But

Déjouer les habitudes faisant obstacle à la compréhension et à l'exécution des messages.

Matériel

1 Créatec (puzzle à 7 pièces) par participant.

Méthode *(Voir fiche n° 16)*

- Après le jeu de la croix latine, demander aux participants de réaliser une croix grecque en se servant des 7 pièces du Créatec.
- Leur demander de noter leurs difficultés et éventuellement la façon dont ils ont trouvé la solution :

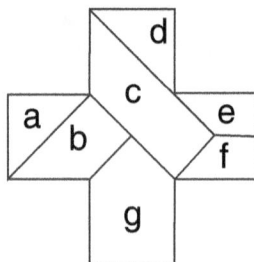

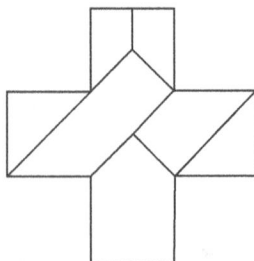

Cette forme permet la construction des 7 pièces du Créatec.

Durée

10 minutes. Ce temps est en général insuffisant pour trouver la solution, mais passé ce temps, la difficulté risque d'indisposer les participants.

Participants

De 2 à 8 personnes, individuellement ou collectivement.

Idées

* Nous n'avons pas l'habitude :
1) qu'une même pièce (par exemple c) serve d'élément à des ensembles différents (par exemple le haut, le centre et la droite de la croix) ;
2) que les pièces soient mises en oblique.
* Pour réaliser la croix latine, nous avons utilisé une méthode. Nous avons tendance à réutiliser la même méthode pour résoudre un problème apparemment le même.

Analogie

Exécution d'une nouvelle tâche.

Évaluation

Élucidation des difficultés rencontrées.

Référence

* Cercle amical des organisateurs permanents.
* *Images à méditer*, Gilbert Béville (Maloine, Collection Université de Technologie de Compiègne, Paris, 1977).

Observation de l'information

Habitudes favorables et défavorables

Titre

La feuille à l'envers.

But

Montrer à la fois comment la moindre « erreur » de communication enlève toute signification à un message et comment il est facile d'y remédier.

Matériel

Un dessin.

Méthode *(Voir également fiches n°s 7, 19, 50)*

- Présenter le dessin et demander d'en noter la signification par écrit. Par exemple : un judoka.
- Montrer le dessin tête en bas. La nouvelle signification (oiseau, canard, pélican) saute aux yeux de la plupart des participants.

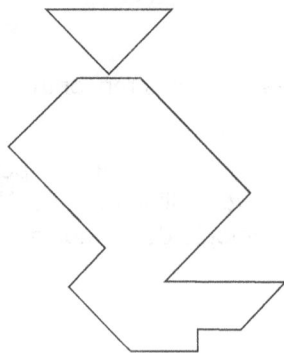

Durée

10 minutes.

Participants

Nombre indifférent.

Idées

- Le « bruit » dans la communication.
- L'apprentissage rapide des méthodes de rectification : si on

présente ultérieurement des images ambiguës aux participants, ceux-ci auront le réflexe de les tourner.

Analogie

Projection de diapositives à l'envers.

Évaluation

Référence

- École Estienne (métiers de l'imprimerie).
- *L'Aventure des figures impossibles*, Bruno Ernst (Benedickt Taschen, Berlin, 1990).
  Les non-choses merveilleuses... et comment les construire.
- *Giusep Arcimboldo*, Werner Kriegeskorte (Benedickt Taschen, Cologne, 1989), page 38, le jardinier (1590).
  « Le tableau représente une jatte verte remplie de légumes. Après avoir été pivotée de 180°, elle devient une tête rustaude et rebondie, un peu à l'image des légumes. » Toute l'œuvre d'Arcimboldo est elle-même à interpréter : fantaisies ou philosophie : exprimer des choses non sensibles par des simulacres sensibles – dit le critique.
- *Clin d'Œil* (Exposition de 50 tableaux et objets d'illusion, Chatou, mars 2001).
  Outre son aspect esthétique, cette insolite exposition suscite la curiosité et l'enthousiasme de tous.
  Plus que jamais vous vous demanderez : faut-il toujours croire à ce que l'on voit ?

Observation de l'information

Perception subjective

Titre

Ensorceleuse ou sorcière ?

But

Montrer comment un même document peut être perçu d'une façon diamétralement opposée selon les individus.

Matériel

Dessin.
Page 69.

Méthode

* Montrer le dessin ou projeter le document.
* Demander de décrire le personnage.

Durée

5 minutes.

Participants

Nombre indifférent.

Idées

* Différences de perception.
* Impossibilité de connaître les causes de ces différences.

Analogie

Témoignages à la suite d'un accident du travail.

Évaluation

	Ayant vu la jeune femme ensorceleuse	Ayant vu la vieille femme « sorcière »	Ayant vu les deux	Ne pouvant pas voir les deux
Nombre de personnes				

Référence

* Séminaire de communication, à l'École Nationale d'Administration (E.N.A.) et à l'École Supérieure de Commerce de Paris.

- *Le Livre des devinettes*, Suzanne Walter, Robert Morel et Pierre Ferran (Robert Morel, France, 1969).

Version ancienne :
carte postale, 1900
(tradition populaire)

Chacun des deux profils de l'étrange camée
Ne vous semble-t-il pas celui de chaque année.
On le voit vieux et laid dans celle qui s'éteint.
Et jeune et gracieux pour celle qui revient...
Heureuse de pouvoir venir vous apporter
Mes souhaits les meilleurs et mon plus doux baiser.

Version moderne
Willima E. Hill (1915)
ou E. G. Boring ?

On trouvera une autre version :
Les Devinettes d'Épinal
(Imagerie Pellerin, Épinal, 1982)
Album 1
10ᵉ image : Cadet-Rousselle, Père et fils et une seule personne. Comment cela ?
Album 2, album 3.
Albums 4 et 5 : plus difficiles

Perception subjective

Titre

Un blanc et noir de toutes les couleurs.

But

Observer les différences de perception d'un individu à l'autre.

Matériel

Un disque ou bien une toupie portant des segments de cercles blancs et noirs. Selon le dessin.

Méthode

Faire tourner le disque ou la toupie dans un sens.

Chaque observateur doit noter les couleurs vues.

Dresser une liste de toutes les couleurs.

- Même chose en faisant tourner le disque ou la toupie en sens inverse (les couleurs changent de place !).
- Recommencer plusieurs fois.

Durée

20 minutes.

Participants

20 personnes.

Idées

- Les individus ne perçoivent pas la réalité de la même façon. Ils sont souvent inconscients de cette différence.
- Elle est due à des facteurs subjectifs (physiologiques, psychologiques) et objectifs (ici éclairage, vitesse, sens de la rotation).
- Elle explique les difficultés de communication, mais aussi la possibilité pour les individus de créer différemment.

Analogie

Lecture des tableaux de bord, des synoptiques lumineux avec des risques d'interprétations différentes en fonction d'une autre perception.

Évaluation

Étonnant : des dizaines de couleurs sont découvertes.

Référence

- Expérience classique en psychologie et utilisée dans les séminaires de l'Institut de Sémantique Générale.
- Jo-Joptik (Kurt Naef, Zeiningen Suisse).
  Un yo-yo à effets optiques.
- Ptolemy's top (Toupie fabriquée par Pentangle, Grande-Bretagne).
- Quand les nerfs trompent l'œil, Auffret Van Del Kamp (Revue du Palais de la Découverte, Paris, mai 1978).

Toton de Fechner et Benham

Perception subjective

Titre

Je pars en voyage.

But

Montrer l'importance de la visualisation pour la mémorisation de l'information.

Matériel

Aucun.

Méthode (Voir également fiche n° 35)

Une première personne (1) annonce « je pars en voyage avec... ma valise, mon petit chapeau ». Une deuxième personne (2) reprend la phrase « je pars en voyage avec ma valise, mon petit chapeau... » et ajoute le nom de un ou deux objets, animaux, personnages par exemple « ... mon éléphant blanc et mon poisson rouge ». Et ainsi de suite. Celui qui se trompe est éliminé. *Note :* pour mémoriser la phrase chacun est obligé d'associer l'interlocuteur (par exemple 1) avec l'image de l'objet (valise, petit chapeau).

Durée

Variable à volonté.

Participants

De 10 à 12.

Idées

  * Rôle de la mémoire dans la communication.
  * Nécessité de la visualisation pour la mémorisation.

Analogie

Utilisation de l'audio-visuel.

Référence
* *Dictionnaire des jeux*, Alleau (Tchou, Paris, 1964).
* *La Maison que Pierre a bâtie.*

« Voici la maison que Pierre a bâtie.

Voici la farine qui est dans le grenier de la maison que Pierre a bâtie.

Voici le rat qui a mangé la farine qui est dans le grenier de la maison que Pierre a bâtie ;

...

Voici Pierre qui a semé le grain qui a nourri le coq qui a réveillé le bon Monsieur qui a arrêté le méchant brigand qui a battu la servante qui a trait la vache qui a corné le chien qui a étranglé le chat qui a attrapé le rat qui a mangé la farine qui est dans le grenier de la maison que Pierre a bâtie. »

S. CONE BRYANT
Comment raconter des histoires à nos enfants
(Nathan, Paris)

* Une figure de style à la dénomination peu connue : la communication.

> Les chiffons font le papier
> Le papier fait la monnaie
> La monnaie fait les banques
> Les banques font les emprunts
> Les emprunts font les mendiants
> Les mendiants font les chiffons
> Les chiffons font le papier
>
> > Imprimé sur chiffon de papier
> > d'un moulin à papier

Observation de l'information

Perception subjective

Titre

50 mots de suite.

But

Faire l'expérience d'une forme priviligiée de communication.

Matériel

Aucun.

Méthode

On demande à une personne de dire le plus vite possible 50 mots de suite. La personne dit par exemple : « chaise, papier, table, portemanteaux, vitre... heu... boulanger, épicier, bougnat... heu... vacances, voile, ciel bleu... »

Durée

1 minute par personne. Le nombre de 50 mots et la rapidité exigée favorisent une expression spontanée.

Participants

Nombre indifférent.

Idées

- L'impression d'être à la place de celui qui parle (empathie).
- L'intérêt de voir le monde avec les yeux d'autrui.

Analogie

Association de mots et d'idées.

Évaluation *(Voir fiche n° 62)*

Une des occasions de sentir fonctionner notre cerveau.
De même à propos des stéréogrammes.

Référence

- Expérience psychologique en séminaire de relations humaines.
- *Savoir écouter*, Michel Grenouilloux (C.E.P.L., Paris, 1976).

- *De l'écoute à l'action*, Gilbert Béville (Éditions d'Organisation, Paris, 1988).
Fiche n° 29, une image du genre Rorschach, à interpréter
« objectivement ».
- *Le Désert des Tartares*. Dino Buzzati. François Livi (Hatier,
Paris, 1973).
Exemple d'interprétation d'un texte et d'un film : en résumé,
un bastion avancé, face aux Tartares. En ce sens voir le jeu
des 9 points, en conclusion.

Observation de l'information

Chapitre 3

TRAITEMENT DE L'INFORMATION

Opérations

À quoi sert de communiquer si l'on à rien à dire, si le message est insignifiant ?

Qui dit traitement de l'information pense informatique. D'où immédiatement le (faux ?) débat de l'intelligence artificielle.

Qu'est-ce que l'intelligence ? Soit une définition entre mille : la possibilité de résoudre un problème. Alors la machine est douée de cette intelligence incorporée par son créateur – selon un processus tout à fait naturel (voir la conception des bébés).

Dans ces conditions, se demander si la machine vaincra l'homme aux échecs n'a pas de sens. Oui ou non (sûrement l'affirmative), peu importe. Apprenons plutôt à connaître les possibilités et les limites de la machine et de l'homme, pour augmenter les unes et diminuer les autres.

À propos d'échecs l'évidence est là : permettons au roi de bouger de deux cases. L'ordinateur le plus puissant se bloque ; il dirait presque : « ce n'est pas de jeu ». Pourtant dans la même situation, n'importe quel joueur est capable de s'adapter, immédiatement, à la nouvelle règle. Voilà qui est intelligent !

Inversement, appuyons sur une touche : nous accédons à tout coup, en principe, à la mémoire de l'ordinateur. Cette touche n'existe pas pour notre mémoire. Le jour où nous l'aurons trouvée, quelle révolution dans nos apprentissages, nos connaissances !

Ainsi de suite.

Jeux d'esprit

Jeux intellectuels, évidemment, mais pour traiter l'information, nous ne pouvons pas nous contenter de nous servir des moyens du bord : notre cerveau et notre main. Car le jeu d'esprit est aussi sensuel : en plus des lettres, des chiffres, des symboles il utilise la vue, le son, le toucher, le goût ; en somme tout ce qu'il faut pour plaire.

Jongler avec trois balles, ce geste mobilise toutes nos capacités. Et le rapprocher des activités professionnelles n'est nullement saugrenu.

Il est juste et bon d'avoir des buts définis, précis, comme il est généralement recommandé. Cependant nous n'avons pas toujours le choix, la vie improvise. Préparons-nous à faire face ; plaçons-nous dans des situations ludiques insolites, variées, difficiles, donc incertaines. Peut-être aboutirons-nous, à l'occasion, à des résultats heureux.

Les jeux informatiques conviendraient-ils ? Incertitude moins maîtrisée. Comment, par exemple, la rapidité de perception et de réaction acquise est-elle exploitable pour des décisions vitales, professionnnelles ? Cela mérite probablement le détour comme dirait Michelin. Mieux vaudrait s'en assurer.

Déconditionnement

Titre

Les neuf points.

But

Montrer à quel point nous sommes conditionnés.

Matériel

Dessin.

Méthode *(Voir également fiches n° 47, n° 60)*

- Demander de relier les 9 points du dessin en 4 traits droits et sans lever le crayon.
- Prier ceux qui connaissent ou trouvent la solution de ne pas la souffler.
- Faire exposer par un des participants ayant donné la réponse la façon dont il a réussi à éviter le piège.

●   ●   ●

●   ●   ●

●   ●   ●

Solution page suivante

Durée

10 minutes.

Participants

Nombre indifférent.

Idées

- Nous nous imposons des contraintes imaginaires.

- Pour trouver la solution à beaucoup de nos problèmes, il faut sortir des sentiers battus.

Analogie

Les problèmes de changement : « Nous avons toujours fait comme ça, on ne peut pas faire autrement ! »

Évaluation

Ce problème est célèbre. Il est toujours bon de l'évoquer même si les participants le connaissent déjà.

Référence

- *Du sac de billes au tas de sable*. Étienne Guyon et Jean-Paul Troadec (Odile Jacob, Paris, 1994) et film.
  « Des règles simples pour un système complexe. Les jeux de construction pour une science du quotidien. »
- Séminaire de communication à l'École Nationale d'Administration (E.N.A.) et à l'École Supérieure de Commerce de Paris.
- *100 jeux géométriques*, Pierre Berloquin (Librairie générale française, Paris, 1973).
- Voir dans la conclusion un autre problème de 9 points.
- *Corneille*.
  Divers ouvrages.
  (Comédie-Française – Les cahiers n° 21, Paris, 1996). Savoir sortir de son cadre. Corneille, un classique qui sait être baroque (*L'Illusion comique*, *Clitandre*).

Solution :

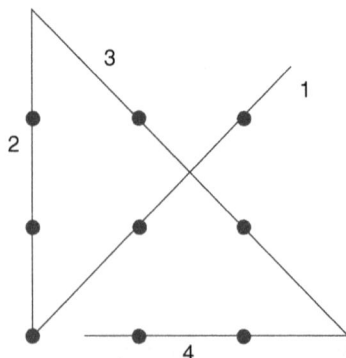

Déconditionnement

Titre

Les 3 L.

But

Démontrer les échecs auxquels risque d'aboutir un traitement routinier de l'information.

Matériel

4 dessins.
Au verso.

Méthode

1) Présenter le dessin n° 1 en demandant de le diviser en deux parties égales de même forme et de même surface, c'est-à-dire superposables.
Quand la majorité des participants a trouvé la réponse, la montrer aux autres.

2) Passez au dessin suivant comme indiqué sur la fiche au verso et ainsi de suite.

Durée

20 minutes.

Participants

Nombre indifférent.

Idées

- La répétition enracine les procédés (malheureusement ici !).
- Nous avons tendance à oublier les méthodes simples : arrivés au carré les participants cherchent une solution compliquée.

Analogie

Découpage des ardoises dans les mines.

Évaluation

- En complément voir« le jeu théâtral comme outil de communication ».
(Association pour la formation par les activités culturelles – AFAC – Paris).

Traitement de l'information

- Festival International de théâtre d'Entreprise (FITE 94, Le Changement).

Nécessité d'une formation également :

hors programme,

hors lieux,

hors temps.

Référence

- Tradition orale.
- Séminaires de marketing – École Supérieure de Commerce de Paris – Institut d'Administration des Entreprises de l'Université d'Amiens.
- *Utiliser les techniques actives en formation. Exercices et documents.* Julius E. Eitington (Éditions d'Organisation, Paris, 1990).

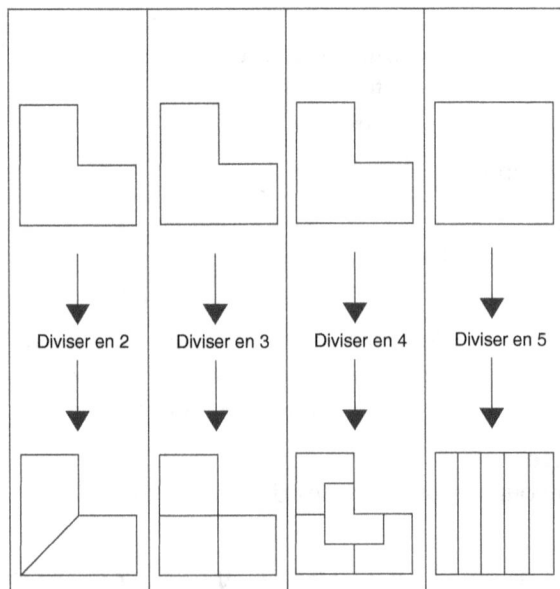

Diviser en 2   Diviser en 3   Diviser en 4   Diviser en 5

© Groupe Eyrolles

Élaboration de l'information

Titre

Les auteurs enterrés.

But

Faire réfléchir au double sens possible des documents écrits.

Matériel

Un texte.

Méthode *(Voir également fiches n° 12, n° 36)*

Présenter le texte en demandant d'y découvrir le nom d'écrivains
– l'orthographe des noms étant approximative.
Variante : on précise qu'il s'agit de 13 auteurs.

LES AUTEURS ENTERRÉS

« Dans la bruyère où rôde la biche aux abois, près de Sedan, te
souviens-tu de ce bar-restaurant régi depuis longtemps par ce
bonhomme nippé d'un frac amusant, qui sur un air d'adagio
nous recevait de façon radin comme un rat – et aussi moustachu
gourmet, amoureux de son art, audacieux même avec ses sauces, régnant sur sa cuisine en vrai tyran où il hurlait ses ordres
au mitron épuisé, vigneron averti, certes, mais qui abusait du
pinard au détriment de son estomac ravagé ? »
Réponse au verso.

Durée

10 minutes.

Participants

Nombre indifférent.

Idées

* La compréhension des textes exige parfois un traitement
préalable de l'information.
* Le sens caché est souvent le plus important.

Analogie

Erreurs de typographie (coquilles).

Évaluation

Au choix.

Référence

- Séminaire d'expression écrite.
- *Dictionnaire de l'argot des typographes suivi d'un choix de coquilles typographiques*, Eugène Boutmy, 1979 (Les insolites, Paris, réédition 1983).
  « Malherbe avait d'abord écrit
  Et Rosette a vécu... »
  Un typographe commit une coquille équivalent à un trait de génie :
  Et rose, elle a vécu...
- *Figures et jeux de mots.* Richard Arcand (Éditions La Lignée Belœil [Québec], 1991).

LES AUTEURS ENTERRÉS

« Dans LA BRUYÈRE où rôde LA BICHE aux abois, près de SeDAN TE souviens-tu de ce BARRESTaurant réGI DEpuis longtemps par ce bonhomme nippé d'un fraC AMUSant, qui sur un air d'adaGIO NOus recevait de faCON RADin comme un rat – et aussi moustacHU GOurmet, amoureux de son ART, AUDacieux même avec ses sauces, régnant sur sa cuisine en vrai tyrAN OU IL Hurlait ses ordres au mitron épuiSE, VIGNEron averti, certes, mais qui abusait du pinarD AU DETriment de son estomac ravagé ? »

Élaboration de l'information

Titre

Dans le désordre.

But

Exposer simplement, visuellement, une des premières phases
de la communication : la mise en ordre de l'information.

Matériel

Liste de mots. Papier, crayon.

Méthode

On présente la liste suivante et l'on demande sa signification.
Un indice : il s'agit d'une forme dérivée de l'acrostiche ou des
mots en croix.

```
        B OSTON
  SAN F R ANCISCO
     CH I CAGO
  TORON T O
     PH I LADELPHIE
    LO S ANGELES
       H OUSTON


        D A LLAS
        M I AMI
    DET R OIT
         W ASHINGTON
        A TLANTA
    NEW Y ORK
    PITT S BURGH
```

Voir la réponse au verso.

Durée

Réflexion : 5 minutes. Solution : 1 seconde.
Commentaires : temps libre.

Participants

Nombre indifférent. Travail individuel ou bien en groupe.

Idées

* La « manipulation » des lettres est l'opération élémentaire de la communication dans la composition.
* La lecture n'est pas une activité passive, elle suppose une interprétation.

Analogie

* L'interversion des chiffres en comptabilité.
* Le jeu des chiffres et des lettres, émission télévisée.

Évaluation

Pour l'annonceur : une disposition typographique originale permet d'attirer l'attention et de fournir une information.

Pour le lecteur pressé : il connaît ainsi rapidement les villes desservies par la Compagnie British Airways.

Pour le lecteur attentif : *a)* Cette annonce peut lui donner l'idée d'un jeu de communication en rendant l'annonce plus énigmatique,

b) il a ainsi l'occasion d'exercer sa réflexion, ses capacités d'observation : le jeu favorise le développement personnel.

Référence

Annonce publiée dans la presse française en juin 1990. British Airways.

```
        B OSTON
SAN F R ANCISCO
   CH I CAGO
TORON T O
    PH I LADELPHIE
   LO S ANGELES
        H OUSTON


    D A LLAS
    M I AMI
  DET R OIT
        W ASHINGTON
        A TLANTA
 NEW Y ORK
 PITT S BURGH
```

Élaboration de l'information

Titre

Plan de masse.

But

S'entraîner à tirer parti d'un minimum d'informations.

Matériel

Dessin.

Méthode *(Voir fiches n° 28, n° 62)*

Regarder l'image et trouver ses différentes significations.

Note : pour se faciliter la tâche, il est commode de diviser la figure en plusieurs parties ayant éventuellement des couleurs différentes.

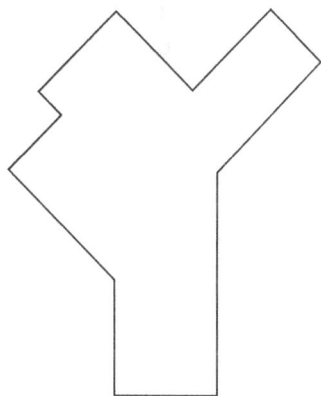

Durée

5 minutes.

Participants

De 1 à 20 personnes.

Idées

Il faut savoir extraire d'une information concise, simple (ici le contour) toutes les informations cachées, sous-entendues (ici les significations).

Analogie

Lecture de plans.

Réorganisation des bases de données.

Évaluation

Difficile à exploiter et à faire exploiter. Mais riche d'enseignements. Peut servir d'introduction à la fiche suivante.

Référence

- École Supérieure de Publicité, Paris.
- *La Logique appliquée*, Gilbert Béville (Gauthier-Villars, Éditions d'Organisation, Paris, 1962).
- *Organiser. Théories et applications*, J. Boyer et N. Equilbey (Éditions d'Organisation, Paris, 1999).

  En prolongement : une science de l'action (la praxéologie).
- *Conduire un projet d'organisation*, H.-P. Maders et divers (Éditions d'Organisation, Paris, 2000).

  Innover. Mais aussi, s'opposer, s'adapter, réformer, simultanément.

Élaboration de l'information

Titre

Sait-on jamais ?

But

S'entraîner à découvrir les significations multiples d'un message par une méthode logique.

Matériel

Dessin (ci-dessous).
Cliché en fin d'ouvrage.

Méthode

Regarder l'image et trouver ses différentes significations grâce à un tableau de double entrée (matrice de découverte) proposé par l'animateur ou élaboré par les participants.

Symbole du Cercle International d'Études Ludiques (CIEL). Voir la quatrième de couverture.

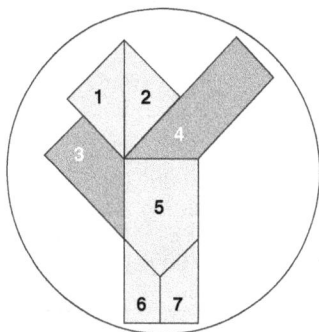

1, 2, 5, 6, 7 = rouge
3, 4 = noir

Durée

15 minutes

Participants

Travail individuel ou par groupe de 4.

Idées

* Chaque personne ne trouve spontanément que 3 ou 4 signi-fications à l'image. Or, il en existe plus de 100, c'est-à-dire une infinité. D'où la nécessité d'utiliser des méthodes de trai-tement de l'information. La matrice de découverte est une de ces méthodes (cf. la rubrique évaluation).
* La logique au secours de l'imagination.

Analogie

* Interprétation de tableaux comptables. Recherche technique.

Évaluation

* En fonction du nombre et de l'originalité des significations trouvées, dont la centième : un trompe-l'œil.
* Le Créatec est un puzzle qui permet d'inventer de nombreu-ses images ambiguës. Amusant et facile.

TABLEAU À COMPLÉTER

TERRE, MER → CIEL   PERSONNAGE, OBJET → ANIMAL   ETC.

	Significations		Nombre de personnes ayant trouvé ce sens
	Terre	Mer	
Personnage	Lanceur de poids		3
	Orateur		10
	Viticulteur		5
		Apponteur	5
		Scaphandrier	2
	Touriste montrant le ciel		7
Objet	Signal		10
	Lance-pierres		1
	Lettres		1

Référence

* *Images à méditer*, Gilbert Béville (Maloine, collection Univer-sité de Technologie de Compiègne, Paris, 1977).
* Stages d'innovation. Création de marques, de logotypes, de noms de sites, d'acronymes.

- Manipulations d'objets concrets, montage et démontage de puzzles (Cubes, Rubik's cube, boîtes à secret).
- Compensation des opérations « abstraites » avec logiciels, symboles.
- Il devient de plus en plus difficile de pouvoir réparer soi-même une automobile, un ordinateur.
- Liste incomplète des significations possibles.

Mise en œuvre de l'ingéniosité

Titre

Combien de fois neuf ?

But

Montrer les dangers d'un traitement routinier de l'information.

Matériel

Aucun.

Méthode (*Voir également fiche n° 60*)

Poser le problème suivant :

« Un dessinateur doit inscrire le nombre 1 sur une pancarte, le nombre 2 sur une deuxième pancarte et ainsi de suite jusqu'à 100.

Combien de fois inscrira-t-il le chiffre 9 ? »

Réponse : 20 fois, c'est-à-dire la série des

<u>9</u>, 1<u>9</u>, 2<u>9</u>... <u>99</u> : 10 fois,

et <u>9</u>0, <u>9</u>1, <u>9</u>2... <u>99</u> : 10 fois.

En général, la réponse est 10, ou 11 fois (on pense au 99 mais non au 90...).

Durée

2 minutes.

Participants

Nombre indifférent.

Idées

* On applique à tort à la dernière dizaine (90, 91...) la méthode valable pour les premières dizaines (1 neuf par dizaine).
* Ce qui est un piège pour le raisonnement l'est aussi pour l'action.

Analogie

* Tous les cas où l'on tend à reproduire un comportement qui a réussi, sans comprendre que la situation a changé.
* En sens contraire, les ruses et stratagèmes. Règle d'or : surprendre.

Traitement de l'information

Évaluation

- Il est amusant de se faire piéger et encore plus de piéger les autres.
- Connaissant le cheminement habituel des joueurs, les ludologues ouvrent de fausses pistes.

Référence

- Tradition orale.
- *La Découverte des mathématiques* (chapitre III : la récurrence), G. Polya (Dunod, Paris, 1967).
- *1 000 casse-tête du monde entier*, Pieter van Delft et Jack Botermans (Chêne, Paris, 1977).
- *La Communication cinq sur cinq*, Emmanuelle Chandezon. Exercices, jeux, tests (Éditions Presses du Management, Paris, 1992).
- 3615 code Lire sur Minitel (1995). Jeux sur l'orthographe, les synonymes, les citations, le mot à retrouver...
- *Ruses et stratagèmes*, Daniel Appriou (Pré aux clercs, Paris, 2000). La petite histoire des grands stratagèmes.
- *Jeux, cultures et stratégies*, Hervé Thiriez (Éditions d'Organisation, Paris, 1995).
  « Une grille d'analyse culturelle des échecs, du jeu de go, du backgammon.
  Relations Occident, Orient, Proche-Orient.
  Pièces, début du jeu, négociation, informatisation.
  La communication décryptée. »
- *Thinkertoys*, Michael Michalko (Éditions d'Organisation, Paris, 2002).
  « 30 jeux pour dégourdir l'esprit. »

Mise en œuvre de l'ingéniosité

Titre

Le bracelet.

But

Comparer routine et ingéniosité.

Matériel

Crayon, papier.

Méthode

Poser le problème suivant :

« Un joaillier doit réparer un bracelet cassé en 5 morceaux de 3 maillons. »

Combien de maillons aura-t-il au minimum à ouvrir puis à refermer ?

Réponse page suivante.

Durée

3 minutes.

Participants

Nombre indifférent.

Idées

* L'énigme : un type de communication.
* Avantages de la solution ingénieuse.

Analogie

* La simplification de la communication.
* Les grands problèmes de la vie.

Évaluation

« Ce stage vous a-t-il intéressée ? »

« Oui, beaucoup. Et je me suis bien amusée. »

« En parlerez-vous ? »

« Certainement pas. Déjà quand je suis partie en formation... Si en plus je dis que j'ai joué !... »

Référence

* Tradition orale.
* *Le Code des jeux*, Claude Aveline (Hachette, Paris, 1961).

Traitement de l'information

On y trouvera de nombreux exercices utilisés dans les stages.
Par exemple les petits papiers, mots enchaînés, le téléphone,
les portraits.

Solution de routine

1 2 3   4 5 6   7 8 9   10 11 12   13 14 15

1 2 3   4 5 6   7 8 9   10 11 12   13 14 15

1 2 3 4 5 6 7 8 9 10 11 12 13 14 15

Solution ingénieuse

1 2 3   4 5 6   7 8 9   10 11 12   13 14 15

1   2   3

4 5 6 1 7 8 9 2 10 11 12 3 13 14 15

Traitement de l'information

Mise en œuvre de l'ingéniosité

Titre

Les 9 pièces d'or.

But

Comparer l'efficacité des méthodes.

Matériel

Aucun.

Méthode

- On pose le problème suivant :
  « Vous avez neuf pièces d'or dont une fausse est plus légère. Combien de pesées vous sont nécessaires pour trouver la pièce fausse ? Pouvez-vous y parvenir en deux pesées ? Il s'agit moins de trouver la solution que de comparer les méthodes possibles. »
- Les participants confrontent leurs résultats et leurs méthodes. Réponse page suivante.

Durée

20 minutes.

Participants

Nombre indifférent.

Idées

- La méthode systématique est la plus mécanique : elle demande moins de réflexion.
  Elle peut être la plus rapide si la pièce fausse est la première et aussi rapide que la méthode ingénieuse si la pièce fausse est une des 4 premières.
- La méthode ingénieuse respecte seule la contrainte « 2 pesées » ; elle aboutit à la solution élégante.

Analogie

Tous les cas où les problèmes industriels peuvent être résolus soit par des procédés habituels, « standards », soit par des procédés ingénieux.

© Groupe Eyrolles

Traitement de l'information

Évaluation

* Problème classique et exemplaire.
  Mais comment découvrir la bonne méthode ?
* La solution devient évidente, après coup.

Référence

* Tradition populaire.
* Formation de formateurs.
* *Exercez votre intelligence*, Werner Kirst et Ulrich Diekmeyer (Castermann, Paris, 1973).

SOLUTION

Légende : $\perp$ = balance 1, 2... : n° des pièces

* Méthode systématique
  Cas le plus défavorable : la 9e est fausse
  1re pesée : 1|2
  2e pesée : 3|4
  3e pesée : 5|6
  4e pesée : 7|8   La 9e est donc fausse | 4 pesées |
  Cas le plus favorable : 1re pièce est fausse
  1re pesée : 1/2   La 1re est donc fausse | 1 pesée |

* Méthode ingénieuse
  Si la 1re pesée 1 2 3|4 5 6
  alors la 2e pesée ou 7|8   9 est donc fausse | 2 pesées |

                    ou 7/8   8 est donc fausse | 2 pesées |

                    ou 7/8   7 est donc fausse | 2 pesées |

  Si la 1re pesée 1 2 3/ 4 5 6
  alors la 2e pesée ou 1|2   3 est donc fausse | 2 pesées |

                    ou 1/2   1 est donc fausse | 2 pesées |

                    ou 1/2   2 est donc fausse | 2 pesées |

  Si la 1re pesée 1 2 3|4 5 6
  alors la 2e pesée ou 4|5   6 est donc fausse | 2 pesées |

                    ou 4/5   4 est donc fausse | 2 pesées |

                    ou 4/5   5 est donc fausse | 2 pesées |

Traitement de l'information

Mise en œuvre de l'ingéniosité

Titre

La tablette de chocolat.

But

Montrer différents types d'explication.

Matériel

Aucun.

Méthode

1) Exposé du problème :

« Une tablette de chocolat est formée de 6 petits carreaux en longueur et 4 en largeur. Comment la casser en 24 morceaux sans superposer ni juxtaposer les carrés ? »

2) Exposé de la solution : 23 fois.

3) Recherche des causes d'erreur.

4) Comparaison des différents types d'explication de la solution.

Durée

5 minutes.

Participants

De 8 à 20 personnes.

Idées

- La réponse « évidente » ($6 \times 4 = 24$) est fausse.
- La méthode pragmatique (on fait semblant de casser) aboutit presque toujours à des erreurs : on oublie des gestes.
- La méthode graphique n'aboutit à la solution que si l'on prend soin de numéroter les cassures (/). Elle permet une communication claire.
- La méthode de raisonnement (il faut aboutir à 24 morceaux ; on en a 1 au départ ; il faut donc casser $24 - 1 = 23$ fois) permet de découvrir la solution : mais elle ne fait pas comprendre aux autres, elle ne communique pas, elle ne « passe » pas. Elle permet par contre une généralisation : $N_c = n_m - 1$, c'est-à-dire que le nombre de cassures est pour

toutes les tablettes toujours égal au nombre de morceaux moins un.

Analogie

Découpage des tôles de chaudronnerie.

Évaluation

Ceci n'est pas un examen.

Référence

* Tradition.
* Formation de formateurs.
* Jeux-Problèmes. *De la logique à l'intelligence artificielle*, Jean Friant et Yvon L'Hospitalier (Éditions d'Organisation. Université Catholique de l'Ouest, Paris, 1986).
  Voir notamment : Modes de représentation et construction d'énigmes.

SOLUTION GRAPHIQUE

6	9	12	15	18	21
7	10	13	16	19	22
8	11	14	17	20	23

1 2 3 4 5

Traitement de l'information

Mise en œuvre de l'ingéniosité

Titre

Le labyrinthe

But

Comprendre que l'intelligence, l'ingéniosité permettent d'établir des circuits courts d'information.

Matériel

Un dessin de labyrinthe. Ci-dessous.

Méthode

- Poser le problème suivant :
  Comment entrer en E et arriver en B en passant par les 35 cases et en n'y passant qu'une fois ?
- Demander à ceux qui ont découvert la solution d'exposer leur méthode.
- Si personne n'a trouvé la solution, mettre sur la voie en précisant : « L'entrée E n'est pas une case, on peut donc y passer deux fois. »
- Demander éventuellement de trouver le circuit le plus court et le circuit le plus long. Ils ont la même longueur mais avec plus ou moins de tournants.

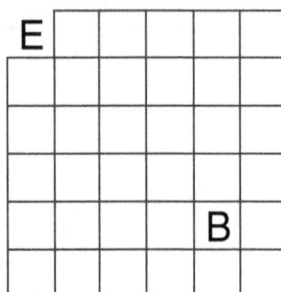

Solutions p. 102

Durée

15 minutes.

Participants

Nombre indifférent.

Idées

- Nécessité de tenir compte de toutes les contraintes et seulement de ces contraintes. (La contrainte ne s'applique pas à l'entrée E.)
- Découvrir une faille dans les contraintes demande de l'ingéniosité.
- Cette découverte rend enfantin un problème apparemment insoluble.
- Nécessité de développer l'ingéniosité, de lutter contre la routine en plaçant les participants dans des situations insolites.

Analogie *(Voir fiche n° 10)*

- Le jeu de l'oie qui appartient à la famille des labyrinthes.
- Les circuits de fluides ou de produits.
  Exemple : dans une saline, le circuit de l'eau de mer jusqu'à l'œillet.

Évaluation

Résultat par nombre de personnes	Absence de solution	Circuit à T = 15	Circuits 15 < T < 29	Circuit à T = 29
Séance du...	6	0	4	1
Séance du...	5	1	2	1
T = tournants				

- Autre exemple d'ingéniosité – à plus grande échelle.
  « A la veille de la Saint-Valentin, une rencontre a tourné à l'idylle. Le 12 février 2001 la petite sonde Near s'est posée sur l'astéroïde Eros. »
  Opération télécommandée, exploit technique et mathématique. Voyage de 4 ans, parcours labyrinthique de 3 milliards de kilomètres. 160 000 photographies.
  Eros, une cacahouète rocheuse de 33 kilomètres de long, 13 kilomètres de large.

Traitement de l'information

EXEMPLES DE SOLUTIONS

circuit court :
minimum de virages

circuit long

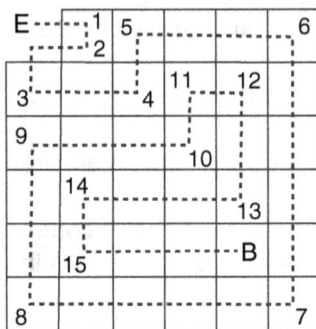

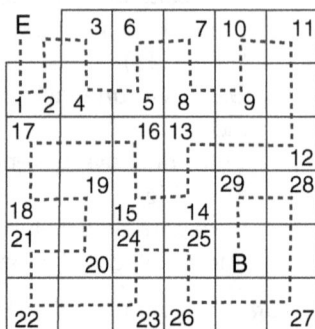

Version poétique : un roi voulant marier sa fille et apprécier l'intelligence du prétendant lui posa le problème suivant : « Un jeune homme décide de délivrer une princesse enfermée dans une pièce (B) d'un château... »

Mise en œuvre de l'ingéniosité

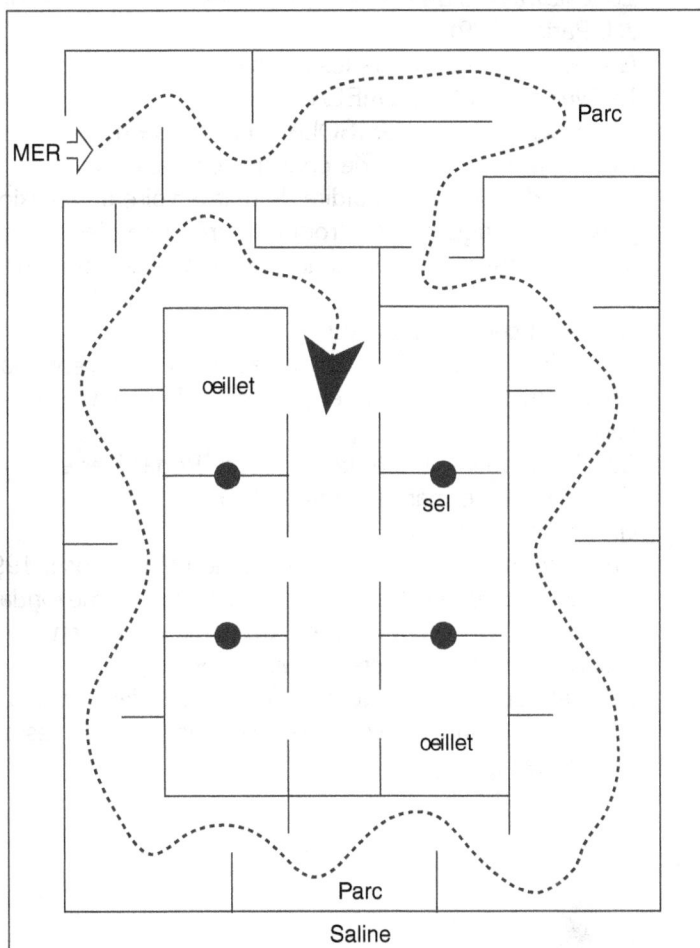

Labyrinthe d'un marais salant

Traitement de l'information

Référence

- *Le testament d'un excentrique*, Jules Verne (Collection Hetzel, Paris, 1899).
  Un jeu de l'oie à travers les États-Unis.
- Le livre officiel SEGA MEGA DRIVE.
  Des trucs pour gagner (SOLAR, Paris, 1993).
  Un des premiers livres de conseils, en français.
  En plus du rôle de la rapidité de réflexe voire de réflexion, les jeux informatiques ont introduit la présence d'ennemis dans les labyrinthes – le Minotaure ayant depuis longtemps disparu.
- Un précurseur : le souriant Pac-Man.
- Une solution originale – très métaphysique : accepter la mort pour sortir du labyrinthe et passer « ailleurs » vers une nouvelle vie.
- *Les jeux vidéo. Machines à rêver*, Roger-Pierre Lagrange (Éditions Casterman, Bruxelles, 1997).
  Une brève rétrospective intéressante.
- *Civilization II.* Jeu vidéo de simulation (Micropose, 1993).
  Un jeu "culturel" évolutif : apparition d'un « régime fondamentaliste, d'unités de fanatiques, de personnages enturbannés brandissant des pistolets-mitrailleurs ».
  Des références historiques certes. Sont-elles exactes ? Les idéologies exprimées sont-elles, les unes comme les autres, sans failles ?

Mise en œuvre de l'ingéniosité

Titre

Les 12 allumettes.

But

Comprendre les difficultés de changement dans les entreprises et ailleurs à partir d'un petit problème de modification de structure.

Matériel

12 allumettes par participant.
Dessin au verso.

Méthode *(Voir également fiche n° 63)*

* Exposé du problème : 12 allumettes disposées selon le dessin forment 6 triangles. Obtenir successivement 5, 4, 3, 2 triangles en ne déplaçant chaque fois que 2 allumettes.
* Exposé de la solution soit par l'animateur, soit par ceux qui l'ont trouvé avec démonstration de la méthode de découverte.

Durée

Supérieure à une heure. Il est conseillé de poser le problème au début d'une session de plusieurs jours de façon à permettre aux participants d'y réfléchir à loisir. Pour raccourcir la durée, indiquer l'étape I ou II.

Participants

De 5 à 10 personnes.

Idées

Deux difficultés essentielles :

1) Le passage de l'étape II à l'étape III suppose un changement de cadre (mouvement dans l'espace au lieu d'un déplacement sur un plan comme les participants ont tendance à le faire. Il leur faut donc surmonter une habitude).

2) La position finale des deux triangles n'est pas non plus usuelle : en général, les triangles sont opposés par leurs sommets ou juxtaposés.

Deux difficultés mineures :

Traitement de l'information

1) Le travail en équipe de deux ou trois s'il rassure n'est pas un facteur de réussite.
2) Faute d'explorer méthodiquement les possibilités et de noter les essais, les participants « tournent en rond ».

Analogie

* La modification de structures matérielles industrielles suppose elle aussi des modifications des structures mentales.
* La difficulté de résoudre un petit problème comme celui-ci fait comprendre la difficulté de résoudre des grands problèmes de structure.

Évaluation

Référence

* Importé du Japon par la Grande-Bretagne.
* *Maths et malice. Le Magazine des mathématiques pour tous*, Hélène Deledicq et divers (ACL Éditions, Paris, juillet 1994).
  – Ou comment communiquer agréablement. Une preuve par 600 000 : le nombre des participants au Kangourou 94. La plus grande manifestation du monde.
  – Jean-Pierre Boudine et André Deledicq ont reçu le prix d'Alembert 1994 pour leurs travaux de vulgarisation.

PROBLÈME

SOLUTION

I

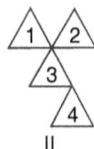

II

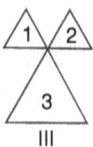

III

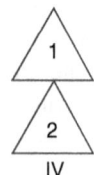

IV

DEUXIÈME PARTIE

CRÉATION DE MESSAGES

Chapitre 1

TYPES DE COMMUNICATION

Les nouvelles technologies de l'information

Les NTI, quel joli nom ! Pourquoi pas le TCP/IP ? Et le multimédia au milieu. Passons.

En tout cas, « les 8ᵉ merveilles du monde » ou « l'inaccessible, le labyrinthe, l'impasse » ?

Vrai et/ou faux. L'ordinateur le plus banal permet à chacun – ou presque – de composer et d'éditer du texte, de l'image, du son pour un public très intéressé, même limité, sans passer par des circuits... techniques et commerciaux compliqués et dispendieux.

Savoir écrire, dessiner, vouloir être lu et compris, ajouter du son, de l'image, n'évitent pas les pièges : une simple photographie se révèle plus difficile à interpréter qu'un texte. Comment communiquer quand on ne pense pas à réfléchir ? Ce petit obstacle sauté, un avenir, un renouveau.

L'objet

La machine moyen de communication certes, mais également objet que l'on a plaisir à manipuler, à découvrir parfois en dehors des « normes » du constructeur, et finalement à aimer.

« Finis de jouer, va travailler. »
L'enfant éteint son ordinateur et l'embrasse.
« Tu es ridicule, dit sa mère. Tu vois bien que c'est une machine ! »

« Oui, je sais. Mais je l'aime comme mon ours. »

La machine, objet animé. On ne peut malheureusement pas la fabriquer, monter, démonter – c'est le privilège des spécialistes.

Tournons-nous alors vers des objets actuels et anciens, curieux, ainsi le puzzle d'Archimède (vive Archimède !), 7 pièces de forme géométrique à assembler.

Une construction *naturelle, spontanée* : 2 triangles qui se juxtaposent peuvent facilement former un carré si les hypothénuses sont de même longueur.

Le carré est potentiel, virtuel, logique. L'"idée" préexiste à la création. Thème cher aux philosophes grecs (merci Platon !). L'ensemble est différent des parties. Quelque chose en plus.

Une construction *artificielle* : une volonté de donner une signification à un carré, qui, en soit, n'est rien d'autre et qui devient, pourquoi pas ? une tête. L'esprit émerge.

Une construction *mixte* : le hasard orienté. 7 malheureuses petites pièces, en vrac. Que faire ? Il est ardu pour des amateurs, parfois pour des artistes, d'inventer, de dessiner. Quelques manipulations hasardeuses – une tête donc un personnage. Un triangle de trop ?

Voici l'image d'une rivière, d'une haie. Notre homme devient un coureur de cross, un sauteur de haies – comment dit-on ? (Voir page 120.)

Donnons un souffle à ces objets : moulins, bateaux... Faisons un dessin animé. Comme René Jodin (*Notes sur un triangle*, Office national du Film canadien, vers 1977. « Fantaisie rigoureuse au son d'une valse à trois temps »).

Objets inanimés, vous avez donc une âme !

> *J'ai vu un ange dans le marbre*
> *et j'ai seulement ciselé*
> *jusqu'à l'en libérer.*

> MICHEL-ANGE

Messages oraux

Titre

Le téléphone arabe.

But

Étudier la transmission de l'information.

Matériel

Un magnétoscope (éventuellement).

Méthode (Voir également fiches n° 1, n° 22)

1) Lire à un participant (A) le texte ci-joint et lui demander de transmettre à voix basse le message à un autre participant (B). Enregistrer la transmission (éventuellement).
2) Procéder ainsi une dizaine de fois de B à C, de C à D, etc.
3) Analyser les différences entre le message initial et le message finalement reçu ainsi que les transformations successives (si elles ont été enregistrées).

« Quand je suis arrivé au bâtiment, j'ai découvert que la tornade avait fait tomber quelques briques du toit. J'ai donc installé une poutre et une poulie et j'ai hissé deux caisses de briques sur le toit. La réparation terminée, il restait une quantité de briques. J'ai hissé à nouveau la caisse et j'ai fixé la corde en bas ; je suis remonté et j'ai rempli la caisse avec les briques en trop. Puis, je suis descendu et j'ai détaché la corde. Malheureusement, la caisse de briques était plus lourde que moi et, avant que je comprenne ce qui m'arrivait, elle a commencé à descendre, me soulevant en l'air d'un seul coup. J'ai décidé de m'agripper et, à mi-hauteur, j'ai rencontré la caisse qui descendait et j'en ai reçu un sérieux coup à l'épaule. Alors, j'ai continué jusqu'en haut, me cognant la tête contre la poutre et m'écrasant les doigts sur la poulie. Lorsque la caisse a cogné le sol, le fond a lâché et les briques se sont répandues par terre. J'étais alors plus lourd que la caisse et je suis reparti vers le bas à grande vitesse. À mi-hauteur, j'ai rencontré la caisse qui remontait et j'en ai reçu de sérieuses blessures à la jambe. Quand j'ai atteint le sol, je suis tombé sur les briques dont les arêtes m'ont infligé plusieurs douloureuses coupures. À ce moment, j'ai dû perdre ma présence d'esprit, car j'ai lâché la corde. Alors la caisse est redescendue, me donnant un coup violent à la tête et m'envoyant à l'hôpital. Pour cette raison, je demande respectueusement un congé de maladie. »

Durée
Au choix.

Participants
10 à 16.

Idées
* La transmission est fonction de la mémorisation.
* La transmission est fonction de déformations conscientes (simplification) ou non (culturelles, affectives, etc.).

Analogie
« Les bruits de couloir. »

Évaluation

Référence
* Tradition orale.
* *Les Call-centers à la portée de tous*, C.-E. Berc (Éditions d'Organisation, Paris, 1999). Relation téléphonique interactive.
* *Le Jeu de la dictée*, Victor Sorin (Hatier, Paris, 1986).
    – La communication est notamment transmission des connaissances (orthographe).
    – Cette communication peut être attrayante pour les adultes et (pourquoi pas) pour les enfants.
    – C'est une occasion de réflexion sur la validité de nos codes d'expression.
* *Les épreuves de championnats d'orthographe*. Micheline Sommant (Nathan, Paris, 1990).
    « Une orthographe tellement piégée qu'elle tourne au jeu de société ou plutôt au sport de compétition. » Claude Sarraute, in *Le Monde*, 20 novembre 1990.

Messages oraux

Titre

Nous appelons « Adultes »...

But

Mettre en relief les différences entre la communication orale et la communication écrite.

Matériel

Un texte écrit difficile. Par exemple le texte ci-dessous.

Méthode

L'animateur déclare :

« Je vais vous lire un texte. Vous ne prendrez pas de notes. Après la lecture je vous demanderai de m'en faire un rapport le plus fidèle possible. »

Note : Le rapport demandé peut être oral ou écrit.

« Nous appelons "Adultes" les hommes et les femmes qui ont plus de 23 ans et qui sont entrés dans la vie professionnelle assumant des rôles sociaux actifs et des responsabilités familiales, ayant déjà une expérience directe de l'existence. Si de surcroît nous les supposons normaux, nous considérerons qu'ils sont sortis du type de relations de dépendance et de mentalité caractéristiques de l'enfance et de l'adolescence, qu'ils ont accédé à un autre type de relations sociales d'inter-dépendance, qu'ils se sont pris en charge eux-mêmes dans l'organisation de leur vie et de leur horizon temporel (de leurs projets personnels et sociaux) et qu'ils ont avec un réalisme et un pragmatisme efficients, une conscience suffisante de leur insertion sociale, de leur situation, de leurs potentialités et de leurs aspirations. Cela implique qu'ils n'ont plus ni la vie protégée (intrafamiliale) de l'enfance, ni la splendide marginalité des étudiants à l'instruction et aux loisirs desquels les contribuables consacrent 10 000 F par tête et par an.

Dans cette perspective la formation des adultes ne peut s'appliquer qu'à la transmission de connaissances limitées d'ordre technique et requiert la détermination d'une pédagogie spéciale basée sur une étude de la mentalité adulte et l'utilisation des techniques appropriées à la recherche d'une "andragogie" – néologisme créé par certains auteurs. »

Durée

30 minutes, durée de l'évaluation comprise.

Participants

Nombre indifférent.

Idées

* Les différences entre le style écrit et le style parlé.
* La difficulté de compréhension d'un texte parlé initialement prévu pour être lu par le récepteur.

Analogie

Lecture de discours.

Évaluation

Comparaison des différentes compréhensions du texte.

Référence

* Les séminaires ludiques de communication pour entreprises et collectivités locales (Colin et Maillard, Nogent-sur-Marne, 1990).
* *Organiser et gérer la communication autour des projets d'infrastructures.* (Stage de l'École Nationale des Ponts et Chaussées, Paris, 1995).
  « Si la maîtrise des aspects techniques et réglementaires est nécessaire, celle des facteurs liés à la communication vis-à-vis des partenaires s'avère indispensable compte tenu des risques. »
* *Bienséance de la conversation entre les hommes*, (C. Marchant, Pont-à-Mousson, 1617).
  La conversation : un impératif du XVIIe siècle (des siècles précédents et suivants) lié au savoir-vivre.
* *L'Argumentation. Principes et méthodes*, Lionel Bellenger (Entreprise moderne d'Édition, Paris, 1992).

- *Les Ventes d'amour*, Anonyme. (Maréchal et Chaussard, Lyon, vers 1503).

  Un ancien jeu de société : un homme et une femme se lançant le nom d'une fleur doivent se répondre par des bouts rimés. Divertissement déjà cité par Christine de Pisan.

- *Objets inanimés avez-vous donc une âme ?* Gilbert Béville (Paris, 2004, Université catholique d'Angers.)

  www.mardouk.com/CIEL

  Les aventures du jeu. De la physique à la métaphysique. Le jeu dans tous ses états... élémentaires.

Messages oraux

Titre

Ma cabane au Canada. (Chanson.)

But

Montrer concrètement la difficulté de communiquer oralement de façon claire et concise.

Matériel

Deux puzzles de 7 pièces (Créatec). Voir couverture.

Méthode

Une personne (l'émetteur) a devant elle cinq pièces du Créatec formant l'image.

Une autre personne (le récepteur) a devant elle cinq pièces identiques, mais en désordre.

L'émetteur doit, sans préparation, donner oralement des instructions au récepteur pour qu'il réalise avec les pièces une figure exactement conforme à l'image ci-dessous.

Au début de l'expérience le récepteur ne connaît pas l'image et ne doit pas poser de question ni faire de remarque.

Note : ce jeu est la version simplifiée d'une forme (facile à trouver) comportant 2 petits trapèzes supplémentaires formant perron et cheminée.

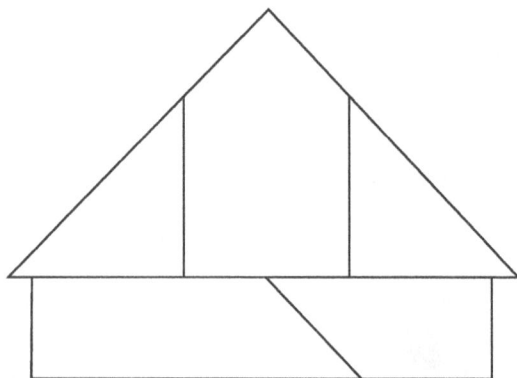

À la fin de l'expérience, confrontation des résultats.

Durée

15 minutes.

Participants

De 2 à 20 personnes.

Idées

1) Difficulté d'émettre un message clair et précis.
2) Utilité ou inconvénient de se baser soit sur la forme, soit sur la couleur des pièces, soit sur les deux simultanément.

Analogie

Montage d'une maison préfabriquée.

Évaluation

- Comparaison avec les difficultés de la fiche « Vive le vent ! »
- Sauf dans les cas exceptionnels, simples comme ici, les émetteurs ignorent l'usage qui a été fait du message.

  On peut toujours parler d'objectif, d'évaluation mais qu'en est-il ? Un résultat dans l'immédiat – avec beaucoup de réserves. Chacun de nous a l'expérience d'une information utilisée 20 ans après.

  Que dire de la communication de siècle en siècle ?

Référence

- Institut Universitaire de Technologie de Paris.
- Institut National d'Administration Scolaire et Universitaire, Paris.
- Les cercles du Sphinx. (Eikos concept. Diffusion Edilude, Le Vésinet.) Les outils, les formules verbales pour répondre, les reformulations. Questions ouvertes, fermées, alternatives.

Messages oraux

Titre

Le dialogue.

But

Montrer d'une manière précise l'intérêt d'une communication où l'émetteur tient compte de l'action et des demandes du récepteur et inversement.

Matériel

Deux puzzles de 7 pièces (Créatec).

Méthode

Une personne (l'émetteur) a devant elle les 7 pièces du Créatec, formant par exemple une des images des pages suivantes.

Une autre personne (le récepteur) a devant elle 7 pièces identiques mais en désordre.

L'émetteur doit sans préparation donner les instructions au récepteur pour que celui-ci construise avec les pièces une figure exactement conforme à l'image modèle.

L'émetteur voit comment le récepteur exécute ses instructions et les modifie en fonction des erreurs.

Le récepteur pose des questions quand il ne comprend pas.

Variante : l'émetteur ne voit pas ce que fait le récepteur.

Durée

20 minutes.

Participants

De 8 à 20 personnes. Ceux qui ne sont pas émetteurs ou récepteurs notent les points qui leur semblent importants du dialogue et du comportement des « acteurs ».

Idées

1) Intérêt du dialogue : communication efficace, personnalisée.
2) Quelles sont les rectifications apportées à son message par l'émetteur en fonction de ses erreurs ou celles du récepteur ?

Analogie

Exemples vécus de dialogue ou d'absence de dialogue dans l'industrie :

Un directeur :

« Dans le cadre de notre programme de participation j'ai décidé que... »

Évaluation

	Instructions dialoguées	
	Point de vue de l'émetteur	Point de vue du récepteur
Inconvénients		
Avantages		

	Instructions unilatérales (fiche n° 39)	
	Point de vue de l'émetteur	Point de vue du récepteur
Inconvénients		
Avantages		

Référence

- *Le Dialogue.* Groupe lyonnais d'études médicales philosophiques et bibliographiques (S.P.E.S., Paris, 1967).
- *La Participation des salariés aux changements du travail,* M. de Nanteuil (Éditions d'Organisation, Paris, 1998).
- Campagne de sécurité. Électricité-Gaz de France. Direction de la distribution (Sodel, Paris, 1982) : Séclair.
  Utilisation, notamment, de 40 000 Créatec pour la formation à la coordination orale (difficultés de transmission des instructions, de la préparation du travail à son achèvement), en parallèle avec des supercalculateurs.
- www.Oneplayer.com Un site de puzzles de 108 ou 300 pièces : tableaux de Turner, Manet (année 2000).

Donner une légende poétique à chacune des figures

Types de communication

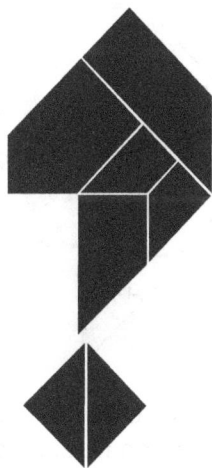

Types de communication

Messages oraux

Titre

Vive le vent !

But

Montrer concrètement la difficulté de communiquer oralement de façon claire et concise.

Matériel

Plusieurs puzzles de 7 pièces (Créatec). Un magnétophone (éventuellement un magnétoscope).

Méthode (Voir fiche n° 40)

Une personne (l'émetteur) a devant elle les sept pièces du Créatec formant l'image ci-dessous.

Une autre personne (le récepteur) a devant elle sept pièces identiques mais en désordre.

L'émetteur doit, sans préparation, donner oralement au récepteur les instructions pour qu'il construise avec les pièces une figure exactement conforme à l'image ci-dessous.

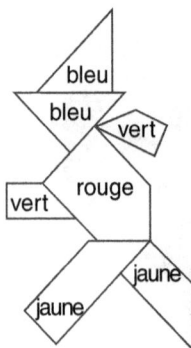

Photographies en fin d'ouvrage.

Au début de l'expérience, le récepteur ne connaît pas l'image et ne doit ni poser de question ni faire de remarque.

Note : Des observateurs peuvent étudier le comportement, les uns celui de l'émetteur, les autres celui du récepteur.

On enregistre au magnétophone les instructions émises.

Durée

20 minutes.

Participants

De 2 à 8 personnes. Au-dessus, il est préférable de présenter un film ou un enregistrement sonore effectué lors d'une séance en petit groupe.

Idées

Avec cette expérience on *voit* immédiatement :
1) La difficulté d'émettre un message clair ; cette difficulté se mesure par l'écart, la différence, entre l'image modèle et l'image réalisée.
2) La difficulté d'émettre un message concis ; cette difficulté se mesure par la différence entre le nombre de mots du message émis (par exemple 1 200 mots) et celui d'un message type (par exemple 500 mots).

Analogie

Consignes verbales en atelier pour le montage d'un appareil.

Évaluation

1) Par comparaison entre l'image modèle et l'image réalisée. (Superposition éventuelle des deux images.)
2) Par la diminution de l'écart entre modèle et réalisation après compréhension intuitive des difficultés de communication.
3) Par comparaison de la différence de structure des messages :

Critères	Émetteur A	Émetteur B
Nombre de mots		
Nombre de phrases		
Nombre moyen de mots par phrase		

4) À gauche, gauche : 1/4 de tour et l'on obtient un patineur.

Référence

- *Méthodes de communication*, Gilbert Béville (Éditions d'Organisation, Paris, 1972).
- *100 Fiches d'expression écrite et orale*, Jacques Laverrière, Monique Santucci, Renée Simonet (Éditions d'Organisation), Paris, 2000.
- *Une chanson, qu'il y a-t-il à l'intérieur d'une chanson ?*, Marcel Amont (Seuil, Paris, 1994). Comment se crée et se diffuse une chanson.

Messages oraux

Titre

Vive le vent Gilbert ! (Chanson : Vive le vent d'hiver.)

But

Analyser la difficulté de communiquer d'une façon claire et concise.

Matériel

Deux ou plusieurs puzzles de 7 pièces (Créatec).

Éventuellement un magnétoscope.

Méthode

Une personne (l'émetteur) a devant elle les 7 pièces du Créatec formant par exemple l'image de la fiche n° 39.

Une autre personne (le récepteur) a devant elle 7 pièces identiques, mais en désordre. L'émetteur doit *après préparation*, lire les instructions qu'il a rédigées à l'intention du récepteur pour que celui-ci construise avec les pièces une figure exactement conforme à l'image détenue par l'émetteur.

Au début de l'expérience, le récepteur ne connaît pas l'image et ne doit ni poser de question, ni faire de remarque.

Variante : l'émetteur lit les mêmes instructions simultanément à plusieurs personnes. On compare les résultats. Éventuellement un magnétoscope enregistre comment chacun a exécuté les instructions.

Durée

1 heure de préparation pour l'émetteur. 10 minutes d'exécution.

Participants

2 à 8 personnes.

Idées

- Un message écrit et lu cumule souvent les inconvénients du message écrit (complexité) et du message oral (le récepteur n'a pas le temps de réfléchir).
- Il est difficile d'émettre un message quand on n'a pas la possibilité de l'adapter en fonction du récepteur.

Types de communication

Analogie

- Lecture par un contremaître de consignes rédigées par le service de sécurité.
- Rédaction de programmes pour un ordinateur.

Évaluation

Exemple d'instruction préparée.

Un cadre de 10×10 cm ayant été dessiné :

1.1 – Prenez la pièce rouge à cinq côtés.

1.2 – Placez-la au centre du cadre, la pointe tournée vers le coin inférieur droit du cadre.

1.3 – Le côté gauche de la pointe est alors horizontal.

1.4 – Cette pièce représentera le buste d'un personnage.

2.1 – Prenez 1 triangle.

2.2 – Orientez son angle droit vers le bord inférieur du cadre.

2.3 – Le grand côté du triangle doit être horizontal.

2.4 – Considérez la pièce rouge à 5 côtés.

2.5 – Considérez le milieu du côté opposé à sa pointe.

2.6 – Faites maintenant coïncider le sommet de l'angle droit du triangle avec le milieu du côté opposé à la pointe de la pièce rouge à 5 côtés.

2.7 – Le côté droit du triangle dépasse alors de moitié le côté de la pièce rouge à 5 côtés.

2.8 – Ce triangle représentera la tête stylisée d'un personnage.

3.1 – Prenez le 2e triangle.

3.2 – Orientez-le vers le coin inférieur droit du cadre.

3.3 – Posez ce triangle sur le grand côté du 1er triangle, au milieu.

3.4 – Le grand côté du triangle se trouve alors à votre gauche.

3.5 – L'angle droit du triangle est à votre droite.

3.6 – Ce triangle représentera le chapeau tyrolien du personnage.

4.1 – Prenez le grand trapèze.

4.2 – Posez son côté oblique contre le côté horizontal de la pièce rouge à 5 côtés.

4.3 – L'angle aigu du grand trapèze doit coïncider avec la pointe de la pièce à 5 côtés.

5.1 – Prenez le trapèze moyen.

5.2 – Il a un petit côté opposé à son côté oblique.

5.3 – Posez ce petit côté contre le grand côté du grand trapèze.

5.4 – L'extrémité droite de ce petit côté doit coïncider avec la pointe de la pièce à 5 côtés.

5.5 – Ces deux trapèzes représenteront les jambes du personnage.

6.1 – Prenez les 2 petits trapèzes.

6.2 – Posez leurs grands côtés contre le bord inférieur du cadre de part et d'autre des trapèzes déjà placés.

6.3 – Mettez les côtés obliques des petits trapèzes face à face, s'ils ne le sont pas déjà.

7.1 – Déplacez le petit trapèze de gauche pour faire coïncider son angle obtus avec l'angle droit libre de la pièce rouge à 5 côtés.

7.2 – Le grand côté du trapèze doit être horizontal.

7.3 – Ce trapèze représentera le bras du personnage.

8.1 – La pièce rouge et le triangle forment deux angles droits, l'un à votre gauche, l'autre à votre droite.

8.2 – C'est dans l'angle placé à votre droite que vous devez maintenant mettre l'angle aigu du petit trapèze de droite.

8.3 – Les côtés de l'angle aigu du trapèze doivent être à égale distance du côté du triangle et du côté de la pièce rouge à 5 côtés.

8.4 – Ce trapèze représentera l'écharpe du personnage.

9 – Vous avez ainsi réalisé un personnage qui marche dans le vent.

Types de communication

	Émetteur A	Récepteur B	Temps total	Résultats
	Temps de préparation	Temps d'exécution		
Instruction orale improvisée	1 mn	20 mn	21 mn	Image réalisée imparfaite
Instruction orale lue	60 mn	10 mn	70 mn	Image réalisée « parfaite »

On pourra également comparer le « style » des instructions rédigées par des informaticiens (même en langage machine) avec celui des non-informaticiens. Les linguistes pourront comparer les instructions rédigées en français et celles rédigées en allemand, anglais...

Référence

- *Traité de cocotologie*, Michel de Unamuno. (Les Éditions de Paris, Paris, 1994.)
  Écrit en 1910 par Don Miguel, recteur de l'université de Salamanque et publié en complément du roman Amor y Pedagogía (2e édition, 1934). Mélange baroque, comme il se doit, de philosophie et de fantaisie :
  « Il est du plus grand intérêt, avant tout et surtout, d'établir la science cocotologique, car sans cette détermination préalable, il est absolument impossible d'avancer dans quelque discipline que ce soit. »
- *Écrire*, Faly Stachak. (Éditions d'Organisation, Paris, 2005.)
  Vous voulez améliorer vos écrits, structurer votre pensée, affirmer votre style ou vous lancer dans l'écriture ? Cet ouvrage vous propose 350 techniques d'écriture créative, tous genres confondus : nouvelle, conte, rédactionnel, polar, journal intime, liste, récit fantastique...

Messages écrits

Titre

Charabia.

But

Comparer les mérites du français et de la phraséologie contemporaine.

Matériel

Liste de mots et de phrases.

Méthode *(Voir fiche n° 35)*

Donner une liste de mots et de phrases et demander leur traduction en bon français.

Variante : chercher d'autres exemples.

Technicien de surface	: balayeur
Préposé	: facteur
Attaché commercial	: représentant
Manager	: directeur
Enseignant	: professeur
Concerné	: intéressé
Sophistiqué	: perfectionné
Dangérosité	: danger
Stratégie de la communication	: mensonge
Mal-nantis	: pauvres

Il bénéficie du salaire minimum de croissance : il gagne tout juste de quoi ne pas mourir de faim...

Les agents de maîtrise revendiquent la mensualisation : les contremaîtres veulent être payés au mois.

C'est un oligopole multinational : c'est une entreprise qui a des filiales un peu partout.

Nos liquidités n'autorisent pas une nouvelle strate de dépense : nous n'avons plus assez d'argent pour en débourser encore.

Je pratique le leasing : j'achète d'abord et je paie après ou jamais.

Types de communication

Durée

Au choix.

Participants

Nombre indifférent.

Idées

* Les termes abstraits et compliqués ne sont pas nécessairement les plus précis et les plus clairs.
* Les termes imagés voire familiers sont plus vivants.

Analogie

Rédaction de rapports.

Évaluation

Référence

* *L'Hexagonal tel qu'on le parle*, Robert Beauvais (Hachette, Paris, 1970).
* *Hé la France, ton français fout le camp*, Marcel Thevenot (Duculot, Gembloux, 1976).
* *La France prise aux mots*, Pierre Daninos (Calmann-Lévy, Paris, 1986).

  « DÉ. – Ô temps bêta du B.A.BA. C'était bien, ce n'était pas assez. C'est à D qu'aujourd'hui on démarre ; je te désacralise, tu me dépolitises, il se dédramatise... C'est la fête à dédé. »
* *Le Livre des livres*, Jean-Paul Fontaine (Hatier, Paris, 1994). À travers la bibliothèque de Reims l'évolution du livre, de la typographie, du papier.
* *Trésors des expressions françaises. Dictionnaire*, (Belin, Collection Le français retrouvé, Paris, 1994).

  Dans la même collection : les mots de la francophonie, ce français que l'on malmène...
* *Atlas de la langue française. Histoire et Géographie* (Bordas, Paris, 1995).
* L'entreprise et sa marque. Érik Izraelewiez (Journal *Le Monde*, Paris, 22 avril 1997). Le choix du nom des entreprises qui fusionnent.

- Formation à la presse écrite et au multimédia (Centre de formation et de perfectionnement des journalistes, Paris, Montpellier, 2000-2001).
Voir également École supérieure de journalisme de Lille.
- Salon *Livre pour jouer, jouer pour lire* (Nouveau Siècle, Lille, 11-14 octobre 2000).
« Ce livre peut être exploité sous forme de jeu et le jeu permet l'accès au livre. Donner l'envie à tous les publics de sauter à pieds joints dans les bouquins. »
- Exposition Larousse (Palais de la Découverte, Paris, 2002)
Une redécouverte : 1863, premier fascicule du Grand Dictionnaire Universel du XIXe siècle.
Un paradoxe : absence de catalogue, de plaquette, de présentateurs.
Heureusement : des livres.
- Larousse insolite. Dictionnaire en images (Éditions Larousse, Paris, 2002)
Des lettres décorées, des mots disparus, de l'humour, du charme et l'histoire d'une œuvre.
- Les illustrations ornementales des dictionnaires français (Revue Arts et Métiers du Livre, Paris, février 2005)
Une tradition de 300 ans.
- Le monde en majuscules. Exposition (Musée de l'Imprimerie, Lyon, mars 2005)
- Art déco. Thora van Omale (Éditions Alternatives, Paris, 2005).

Messages écrits

Titre

C.Q.F.D.

But

Attirer l'attention sur la difficulté de comprendre les sigles.

Matériel

Liste de sigles avec leur traduction.
Voir le tableau Sigles et significations (page 134).

Méthode

* Proposer un sigle (exemple : C.R.C.I.P.C.A.C.).
* Décrire sommairement l'activité de l'organisme concerné (Chambre de commerce de la région méditerranéenne).
* Demander de trouver la traduction du sigle.
* Donner la réponse (Chambre Régionale du Commerce et de l'Industrie Provence-Côte d'Azur-Corse).

Durée

3 minutes par sigle.

Participants

Nombre indifférent.

Idées

* Difficulté de comprendre les sigles.
* Difficulté de s'en souvenir.
* Difficulté de les prononcer (doit-on les lire comme un mot ou les épeler par lettre).
* Image de marque peu flatteuse (exemple G.I.F.L.E. : grossistes indépendants en fruits et légumes) ou contradictoire : G.I.G.U.E. : groupe informatique de gestion universitaire d'établissements.

Analogie

Évidente et paradoxale : les sigles sont faits pour simplifier la vie !

Évaluation

Les sigles et abréviations sont particulièrement abscons dans les nouvelles technologies de l'information qu'ils soient en français (!) ou dans une autre langue (laquelle ?).
- NTAD : Nouvelle Technologie d'Aide à la Décision.
- Internet : SPID database PSYTKON.URL (avec peut-être une erreur de lecture ou de création).

De quoi y perdre son latin.

Référence

- *Sigles économiques et sociaux* (Liaisons sociales, Paris, 1974).
- *Dictionnaire des sigles et abréviations dans les domaines de la construction, de la sociologie et de l'urbanisme*, J. Flitz et F. Margaleff (Centre scientifique et technique du bâtiment, Paris, 1976).
- *Poésie siglique in* Jeux et situations complexes, Gilbert Béville (Éditions d'Organisation, Paris, 1995).
- *Hiéroglyphes*. CD-Rom. PC/Mac (Éditions Khéops, Paris, 2001).

Écriture, vocalisation, musique, civilisation.

Types de communication

Sigle	Activité de l'organisme	Signification
A.D.E.R.A.M.- A.S.S.I.P.R.A.	Enseignement et recherches	Association pour le développement de l'enseignement et des recherches auprès des facultés et instituts de recherche d'Aquitaine et des Antilles-Guyane
A.R.V.T.B.P.T.	Révision et vérification	Amicale des réviseurs et vérificateurs des travaux et bâtiments des postes et télécommunications.
C.D.H.R.- S.I.C.A.H.R.	Aménagement rural	Comité départemental de l'habitat rural et de l'aménagement rural – société d'intérêt collectif agricole d'habitat rural.
C.R.P.I.L.I.G.	Retraite et prévoyance	Comité de retraite et de prévoyance de l'imprimerie de labeur et des industries graphiques.
E.A.C.I.R.S.S.T.E.M. [1]	Centre d'instruction du service de santé	École d'application, centre d'instruction et de recherches du service de santé des troupes maritimes.
E.N.S.E.H.M.A.G.P.	École	École nationale supérieure d'électrotechnique, d'hydraulique, de mathématiques appliquées et de génie physique.
S.G.C.I.C.E.E.	Coopération économique	Secrétariat général du comité interministériel pour les questions de coopération économique européenne.
E.S.N.B.E. [2]	Enseignement	École Supérieure Nationale des Beaux-Arts

---

1. Même avec la traduction il est difficile de trouver la signification de chaque lettre du sigle. La situation ne fait qu'empirer.
2. Un comble pour une école à réputation artistique.

Messages écrits

Titre

Havas.

But

Apprécier la valeur d'un type de communication particulièrement répandu à l'heure actuelle.

Matériel

Liste de sigles.
Au verso.

Méthode

* Établir une liste de critères semblant caractériser un bon sigle. Il doit par exemple être :

– Mémor(is)able	– Évocateur	– Durable
– Simple	– Court	– Facile à prononcer
– Esthétique	– Original	– International

– Accompagné d'un logo ou d'une marque.

– Traduit en toutes lettres.

* Établir une liste de sigles existants.
  Confronter chaque sigle avec chacun des critères.
* Tirer les conclusions de cette confrontation.

Durée

Au choix.

Participants

Nombre indifférent.

Idées

* Beaucoup de sigles sont dus au hasard ; ce n'est que récemment que leur création est devenue plus systématique.
* Difficulté de concilier tous les critères.
* Un sigle banal ou défectueux peut être imposé par l'importance de l'entreprise.
  Ce n'est pas une raison suffisante pour négliger le problème.

Types de communication

- Noter dans quelle mesure une entreprise est appelée par son sigle, son nom ou son surnom : Renault et R.N.U.R., La Lyonnaise des eaux et non la Société lyonnaise des eaux et de l'éclairage (S.L.E.E.). Que penser de son nouveau sigle NÖÖS ?

Analogie

En mieux les acronymes : des sigles qui ont un sens.

D.I.R.E. : Direction de l'Information et des Relations Extérieures.

Évaluation

Référence

- Revues techniques.
- *Journal officiel de la République Française* (J.O.-R.F.).

LISTE DES SIGLES

HAVAS (nom du fondateur).

MICHELIN (nom du fondateur).

AIR FRANCE.

FIAT (initiales : Fabrica Italiana Automobili Torino).

B.B.C. (initiales : British Broadcasting Corporation).

E.D.F. (initiales : Électricité de France).

R.N.U.R. (initiales : Régie Nationale des Usines Renault).

S.V.P. (S'il vous plaît) : organisme de renseignements.

E.S.S.O. (S.O. : Standard Oil of New Jersey. Aux États-Unis la société s'appelle E.X.X.O.N., nom inventé par l'ordinateur pour être conforme aux impératifs et aux interdictions des différents États).

SHELL (marque de l'un des fondateurs, transporteur de coquillages, en anglais : shell).

PLOUF (initiales : Projet de Loi d'Orientation Urbaine Foncière).

KODAK (nom inventé par G. Eastman pour être valable dans tous les pays).

C.E.P.E.L.I.A. (initiales : Centrala Przemysla Ludowego I Artystycznego : Exposition et vente de produits d'artisanat régional, Pologne).

Opération F.A.M.O.U.S. (initiales : French American Mid Oceanic Undersea Study), pour l'exploration des fonds sous-marins. Projet Apollo (Apollon, le dieu grec de la lumière voyageant sur un char).

Types de communication

Types de communication

Messages écrits

Titre

Euratom.

But

Attirer l'attention sur la possibilité de créer des sigles convenables.

Matériel

Liste de sigles avec leur signification.

Méthode

Proposer de trouver les sigles correspondant à des activités déterminées :

* Définir l'activité de l'organisme, l'objet du programme ou d'un projet.
* Demander de trouver un sigle exprimant cette activité, ce programme ou ce projet.
* Comparer les sigles trouvés.
* Comparer avec les sigles réels.

Durée

5 minutes par sigle.

Participants

Nombre indifférent.

Idées

* Possibilité même pour les non-spécialistes de trouver les sigles convenables.
* Ces sigles (acronymes) sont des exemples de communication concise et « poétique ».

Analogie *(Voir fiche n° 25)*

Création de noms d'entreprises, de services à l'intérieur de l'entreprise, de projets, programmes, marques, produits. À rapprocher du jeu des auteurs enterrés (sens caché).

Évaluation

* Obéissant à la fois à des questions de préférence individuelle

138

et à des critères objectifs, l'évaluation de la valeur des sigles est difficile.

* Il est intéressant de demander à chaque personne d'établir un classement des sigles en fonction de leur valeur et de comparer ces classements.

Référence

* Comment trouver un nom, Jean Szekely (Revue *Entreprise*, n° 818, Paris, 15 mai 1971).
* Naissance et vicissitudes d'un sigle, Henri de Montrond (Revue *Communication et langages*, n° 33, Paris, 1977).

LISTE DE SIGLES ACRONYMES

Activité	Sigle	Sigle développé
Communauté européenne de l'énergie atomique	EURATOM	Communauté EURopéenne de l'énergie ATOMique
Institut pour la formation et le recyclage en mathématiques, le traitement de l'information et le contrôle automatique	INFORMATICA	INstitut pour la FORmation et le recyclage en MAthématiques, Traitement de l'Information, Contrôle Automatique
Association de défense de la liberté d'expression à la radio et à la télévision	ALERTE	Association de défense de la Liberté d'Expression à la Radio et à la TÉlévision
Police	RAID	Recherche Assistance Intervention Dissuasion
Projet de photographie holographique avec restitutions électroniques	PHEDRE	Procédé Holographique de Données Restituées Électroniquement
Programme de simulation de carrière dans l'entreprise	ESCALE	Étude et Simulation des CArrières de L'Entreprise
Association pour l'innovation et le dynamisme économique dans l'entreprise	IDEE	Association pour l'Innovation et le Dynamisme Économique dans l'Entreprise

N. B. On peut rendre le jeu plus difficile en définissant d'une manière moins précise l'activité considérée ou bien en changeant les mots (par exemple : nucléaire au lieu d'atomique).

Variantes :

- TRESOR dis-moi tout.
  Tapez SERAFIN 3615.
  SERvice de renseignements des services FINanciers.
- « Les usagers de la SNCF sont-ils condamnés comme SOCRATE à boire la Ciguë ? Le SOCRATE des chemins de fer signifie en fait : Système Offrant à la Clientèle la Réservation d'Affaires et de Tourisme en Europe ».
  Suit un dessin avec une bulle : Nous aurions pu choisir PLATON : Places Louées A Tarifs Optimums et Nuancés.

Messages écrits

Titre

Quadrature.

But

Démontrer qu'il est possible de simplifier le langage technique.

Matériel

Papier, crayon et feuilles où sont dessinées dans le désordre les 7 pièces du Créatec.

Méthode *(Voir également fiche n° 17)*

* Demander de trouver la formule mathématique permettant de calculer facilement la surface totale des 7 pièces.
* Mettre éventuellement sur la voie en précisant ou en rappelant que les 7 pièces peuvent former une croix grecque.

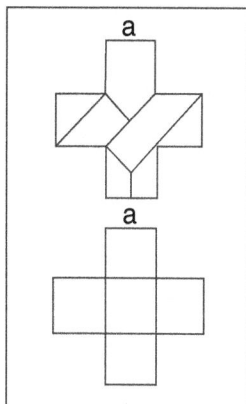

La formule est donc $5\ a^2$

* Comparer cette formule avec les autres formules trouvées.

Durée

20 minutes.

Participants

Nombre indifférent.

Idées

- Il est souvent possible de trouver une expression simple contrairement à ce que pensent les spécialistes.
- Trouver l'expression simple exige de la réflexion et de l'imagination.
- Faire du classique avec du baroque.

Analogie

Les formules de salaires et de variations de prix.

Évaluation

Le détour par la croix grecque n'est pas évident. Il est :

1) facile si l'on connaît la croix grecque (a) ;
2) difficile s'il faut au préalable penser à une croix grecque et savoir la construire.
3) Il est plus facile de construire le puzzle en découpant géométriquement la croix qu'en partant de la mesure des côtés des pièces.

Référence

Les formules parues dans le *Journal Officiel*.

Messages graphiques

Titre

Salons.

But

Découvrir les tendances actuelles.

Méthode

Participer aux nombreux salons, *urbi et orbi*.

Durée

Selon les possibilités de chacun.

Participants

Qualité et quantité indéterminées.

Idées

* Des idées puisées à la source.
* Il y a des situations ludiques dans tous les coins : elles ne sont pas toujours apparentes.

Analogie

Colloques, séminaires, expositions, événements. Voir p. 157.

Évaluation

* Une information indispensable à saisir vite : les salons vivent parfois ce que vivent les roses...
* Il faut du temps.
* Combien d'occasions manquées !

Référence

* IMAGINA (Guide officiel, Institut National de l'Audiovisuel. Monaco, Paris, février 2000 – et vidéocassettes).
« Lieu privilégié d'échanges entre les univers scientifiques et artistiques mais également entre les industriels et les opérateurs de services. »
Images de synthèse, effets spéciaux, animations notamment par le jeu, la simulation, la réalité virtuelle et augmentée.
Une situation, un exemple : 10 équipes d'étudiants, de spécialistes du son, du graphisme, de l'animation ont pour tâche

de réaliser en 24 heures, un dessin animé de 3 minutes sur ordinateur relatant les aventures de 2 personnages publicitaires. Travail sur place au salon sans interruption. L'exploit tient du concours pour le prix de Rome ou le rallye avec bivouac. Résultat : 3 réalisations remarquables.

- Prix Möbius International (Centre Pompidou – 4, 5, 6 mai 2000, Paris)
  50 œuvres multimédias (cédéroms, dévédéroms, sites Internet) en concours.
- Solutions e-entreprises
  (CNIT, Paris – 13, 14, 15 septembre 2000) 6 salons. 500 exposants. 100 conférences, séminaires, ateliers. « Venez découvrir que le e-business, ça marche. » Dixit le prospectus.
- 18ᵉ Rencontres internationales de l'audiovisuel scientifique (CNRS – 29 septembre-28 octobre 2001, tour Eiffel).
- Simulation de l'organisation d'un colloque international (Université de Stirling, Écosse)
  Ingénieux : un colloque international dans un colloque international sur les jeux.
- 1ʳᵉ nuit du jeu d'entreprise.
  (Musée français de la carte à jouer, Issy-les-Moulineaux, 10 mai 2001).
  Dans le cadre des 20 ans du D.E.S.S. des Sciences du Jeu de l'Université Paris XIII, avec le concours de Permis de Jouer. « Règles du jeu : Début de la partie 20 h. But du jeu : passer une soirée agréable dans un lieu prestigieux en découvrant des jeux d'entreprises variés... Fin de la partie : lorsque les jeux, les joueurs, les buffets sont épuisés. »
- *Lombardi, l'homme qui dessinait les réseaux*, Enrico Deaglio (Journal *Courrier des livres et des idées*, « Besoin d'art ? Supplément de Courrier international, Paris, 24 décembre 2003 »).
  « De loin on dirait des nuages. De près, les tableaux sont de gigantesques diagrammes retraçant les principaux scandales politico-financiers des dernières années. »
  Exposition notamment au Centre des Arts de San Francisco le 17 janvier 2004.

Messages graphiques

Titre

Schéma.

But

Évoquer la concision et la précision de l'expression grâce à l'utilisation d'un dessin.

Matériel

Papier, crayon.

Méthode *(Voir également fiche n° 48)*

- Demander de représenter graphiquement la circulation d'une information (exemple : rédaction d'une lettre, frappe d'une lettre, signature, expédition). Au verso.
- Comparer les différentes représentations.
- Présenter un schéma amélioré et le discuter.

Durée

1 heure.

Participants

De 8 à 10.

Idées

- Tous les problèmes de communication peuvent être abordés à cette occasion.
- Le schéma n'est pas seulement la représentation claire et précise d'une situation, mais aussi un moyen de réfléchir, de se poser des questions.
  Exemples au verso.

Analogie

Schémas administratifs et industriels. Diagrammes.

Évaluation

- « Dessiner, c'est gagné ! », affirme une émission de télévision ludique.
- Mais combien de personnes savent dessiner même schématiquement ?

Types de communication

- Un trou dans notre éducation !
- Savoir dessiner, une étape essentielle pour comprendre les messages audiovisuels.
- Une représentation spontanée, un croquis sans technique suffisent souvent pour comprendre.

Référence

- Schémas dynamiques (EDF-GDF), The National Library of Congress, Washington D.C.
- *Revue Schéma et schématisation. Corpus.* (Paris, 2001 et années précédentes.)
  Recherches sur les réseaux, graphes, thésaurus, arbres.
- Exemples de schémas élémentaires.

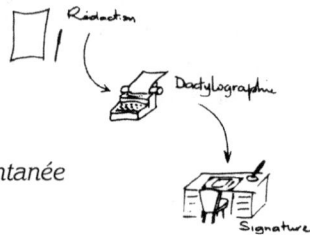

Fig. 1 – *Représentation spontanée d'un circuit administratif.*

CIRCUIT D'UNE LETTRE			
Agents Opérations	Rédacteur	Secrétaire	Chef de bureau
Rédaction d'un brouillon de lettre 1			
Frappe de la lettre d'après le brouillon 2			
Destruction du brouillon 3			
Signature 4			
Expédition 5			
Classement 6			

Fig. 2 – *Représentation améliorée d'un circuit administratif.*

Messages graphiques

Titre

Réseau maillé.

But

Coup d'œil sur un élément simple mais essentiel.

Matériel

Un dessin : un réseau partiellement maillé.

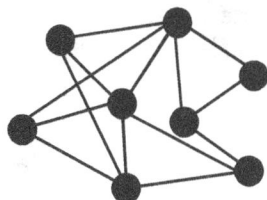

Méthode

Comparer avec différents types de réseaux.

Durée

Au choix.

Participants

1 personne ou des groupes (réunions de travail, d'études...) de qualification variable (de l'amateur au professionnel).

Idées *(Voir fiche n° 47) – Renvoi à l'OVNI indien en fin d'ouvrage*

- Le réseau maillé : un système existant de toute éternité, très utile, aux particularités parfois en voie de développement.
- Les relations d'un point à un autre, les renvois... sous une forme actuelle : informatique, les hypertextes – sauf à s'y perdre, oublier le point de départ, aboutir à la confusion.
- On peut aller de tout point à un autre, il y a toujours un chemin, un lien même entre des réalités étrangères, opposées. On passe facilement de la brocante à la métaphysique (d'un objet à son esprit – à la philosophie).
- Quelques points suffisent pour nous fournir ces repères dont on déplore si souvent la perte sachant qu'à partir de ces élé-

ments on reconstitue le réseau tout entier. Nul besoin d'une information parfaite, exhaustive.

- Un réseau très maillé, totalitaire, « le politiquement, l'économiquement correct » réserve toujours une marge – considérable – de liberté, de création. À nous d'en profiter.
- Un maillage n'est jamais complet, rigide, limité à 2 dimensions. Il se contracte, se déploie. Des ressources infinies, la vie.
- Des rapprochements imprévus se produisent. *Le Discours de la méthode* de Descartes, illustré par Rembrandt (le livre existe, je l'ai) ou bien Néfertiti et Moïse (Quel rapport ? Quelles dates ?).

Analogie

- La « géographie » (bassins fluviaux, routes, réseaux électriques, thésaurus).
- Les neurones : leurs fonctions et territoires fluctuants.
- Les graphes et les nœuds.
  En somme le monde extérieur, intérieur (nous), leurs représentations, les 3 domaines ayant leurs relations et leur vie autonome.
- Jeux de piste, de poursuite. Billard.

Évaluation

- À chacun de juger : le réseau maillé, un système fondamental au-delà (et non en dessous) de tout soupçon ?
- A contrario : une ligne droite.

Référence

Une littérature innombrable. Une foule de curiosités.

- *Le Livre-jeu des nœuds*, Dominique Ehrard (Éditions Ouest-France, Rennes, 1998).
  Un document ingénieux : des cartons mobiles permettent de réaliser 1 024 nœuds virtuels, c'est-à-dire des modèles.
- *L'Hexiflex*, un objet en métal agréable à manipuler : du cube au prisme, par retournement (F. Flowerday, Grande-Bretagne).
- *Théorie générale de la schématisation*, Robert Estivals (L'Harmattan, Paris, 2003.)

Messages graphiques

Titre

Symboles.

But

Étudier dans quelle mesure la représentation symbolique concilie concision et clarté.

Matériel

Dessins.
Au verso.

Méthode *(Voir également fiche n° 58)*

- Demander de dessiner les symboles représentant la nage, la voile, le canotage, l'aviron.
- Comparer les dessins exécutés avec les dessins ci-joints.
- Analyser l'évolution des dessins ci-joints.

Durée

30 minutes.

Participants

8 à 10.

Idées

- Une lacune dans notre formation : nous éprouvons des difficultés à dessiner.
- L'important est de définir l'essentiel du message.

Analogie

Symboles normalisés dans les ateliers de fabrication et d'expédition.

Évaluation

À méditer : la monnaie euro est-elle digne de son symbole ? (Le timbre français, Spécial Euro Philinfo, La Poste, Paris, décembre 1998).

Référence

- *L'Ingénieur artiste*, Michel Yvon (Presses des Ponts et Chaussées, Paris).

Types de communication

Magnifiques images, cartes de territoires réels ou bien imaginaires, routes, ponts, canaux.

1750-1830 : ce temps n'est plus ; il reviendra peut-être. (Le pont de Normandie, 1995 ?)

- *Des signes et des hommes*, Adrian Frutiger, Éditions Delta et Spas, Lausanne, 1983. Remarquable. Réédité et complété.

1948	1964	1968	1972
		Natation	

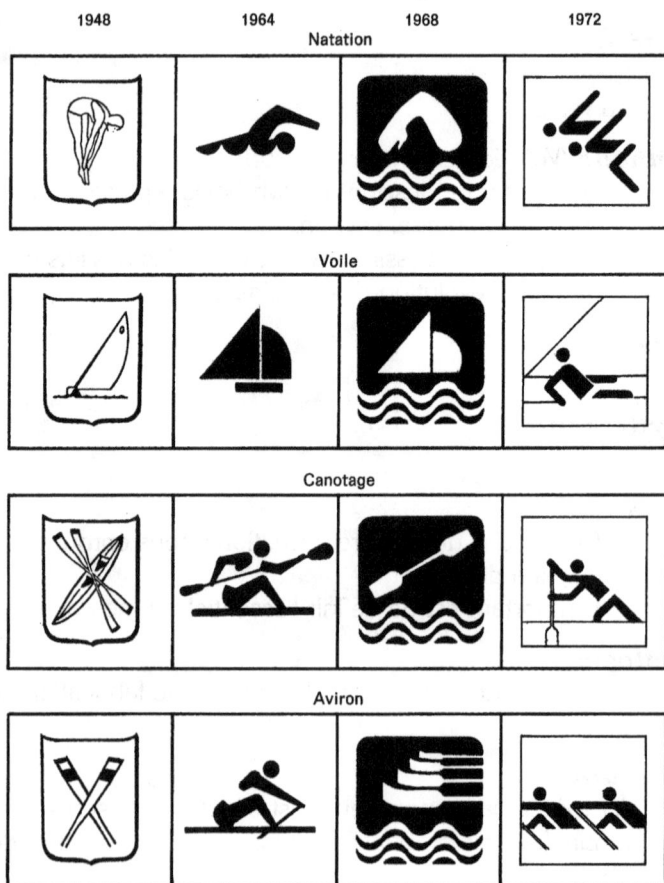

Extrait de Symbol Source Book,
Henry Dreyfus (Mc Graw Hill, New York, 1972)
À compléter.

Messages graphiques

Titre

Carrefour.

But

Mettre en relief les points forts et les points faibles d'un cas.

Matériel

Le symbole commercial (logotype) des magasins Carrefour.
Photo au verso et en fin d'ouvrage.

Méthode

- Demander la signification du dessin.
- Débattre de sa valeur en se plaçant au point de vue des récepteurs et au point de vue de l'émetteur.

Durée

30 minutes.

Participants

10 à 12.

Idées

- Point de vue de l'émetteur (1963) : « Impératif : dessiner un symbole agressif, reconnaissable, aux couleurs françaises ».
- Point de vue des récepteurs : symbole visible identifiable, mais dont la signification échappe souvent.

Analogie

Marques de constructeurs automobiles.

Évaluation

Au choix.

Référence

- *Symbols, signs and signets*, Ernest Lehner (Dover Publications, New York, 1950).
- *Le Plumeau, la cocotte et le petit robot.* Un siècle d'arts graphiques et d'arts ménagers (Somogy, Paris, 1994).

- *Design. La stratégie de la réussite.* Association Design Communication (Les Presses du Management, Paris, 1994). La communication, rêve, pérennité, innovation, rentabilité, stratégie, flexibilité, efficacité, compétitivité.
- Spécial Art Numérique (Revue *Création numérique* n° 58, Paris, juillet 2000), PAO, multimedia, Internet.

Un symbole à interpréter

(Certaines personnes ne voient pas le C blanc entre les flèches rouge et bleue.)

C = Carrefour

Note :
– Le papillon circulaire sur lequel est imprimé le logotype n'est pas toujours posé comme il faut ; par exemple sur les véhicules des clients, il est mis à l'envers, ce qui complique l'identification.
– Une automobiliste s'est trouvée perplexe devant les deux flèches contradictoires : un carrefour, dans quel sens aller ? (Humour involontaire de la vie ou bien humour secret du dessinateur ?)
– Rouge = danger, interdiction ?

Logo officiel des JMJ 2005 à Cologne
(© Weltjugendtag gGmbH).

Le logo symbolise par sa conception dynamique et ses éléments clairs la nature et le caractère des Journées mondiales de la jeunesse de Cologne.

Le centre des Journées mondiales de la jeunesse est la rencontre avec le Christ. Pour cela la croix se tient au centre et domine le logo. La couleur rouge symbolise l'amour, la Passion et aussi la souffrance.

L'étoile symbolise la venue divine et représente un signe venu d'Orient. D'après la tradition biblique, elle a montré aux sages venus d'Orient, les trois rois mages, le chemin vers le Christ. Comme à cette époque au dessus de l'étable de Bethlehem, l'étoile se tient maintenant au dessus de la maison de Dieu à Cologne. L'étoile veut aussi guider la jeunesse du monde vers Cologne.

La courbe représente la trajectoire de l'étoile : elle vient d'en haut, de Dieu. Elle franchit l'horizon limité de notre monde terrestre. La couleur or rappelle la lumière céleste de Dieu, qui illumine les ténèbres du Monde. Elle symbolise l'étoile avec la courbe de la nuit de Noël et de l'Épiphanie.

Le lieu de manifestation des Journées mondiales de la jeunesse est représenté par la cathédrale de Cologne. Dans la cathédrale sont conservées depuis des siècles les reliques des trois rois mages. La couleur rouge de la cathédrale relie l'église à la croix : église et christ sont intimement liés.

L'arc elliptique a plusieurs significations : la lettre C stylisée pour le Christ, mais aussi pour la communauté (Communio) que représente l'Eglise. Le haut de l'arc représente l'étreinte protectrice de Dieu : le ciel, la grâce de Dieu, entoure, porte l'Eglise et le monde entier.

Le mouvement de l'arc est transmis à la croix. Il s'ouvre simultanément vers la croix. De la croix provient toute la dynamique du logo.

La partie inférieure et porteuse de l'arc évoque le Rhin et un navire : l'église est le symbole du navire et aussi l'évocation de l'arche de Noé. Le bleu de l'arc symbolise l'eau et renvoie aussi à l'eau du baptême.

Extraits de la conférence de presse de Mgr Dr. Heiner Koch, secrétaire général des J.M.J., le 12 juin 2003.

Chapitre 2

COMMUNICATION ATTRAYANTE

Rigueur et fantaisie

Un monde terne, terne, terne ? Austère ? La réponse : le Code civil de P. Clément (1812) en vers, ou bien un Code Napoléon reliure de velours noir et or brodé aux armes de Napoléon Ier, édition originale et officielle de 1807, exposé à la bibliothèque de l'Arsenal à Paris, en 1995. Un Code des impôts avec des illustrations extravagantes de Dubout. La rigueur se marie bien avec la fantaisie.

Du droit aux mathématiques. Des problèmes eux aussi en vers, des définitions humoristes et géométriques, les curiosités ne manquent pas dans les rayons de la science.

Des titres suffisent parfois à nous dérider : « Les misères de la vie humaine ou les gémissements et soupirs exhalés au milieu des fêtes, des bals, des spectacles, des concerts... des plaisirs de la table, de la chasse... des délices du bain... et du séjour enchanteur de la capitale ». L'auteur ? James Beresford (1817).

Le fond de la forme : l'art – et la technique : l'exploration de Mars, un jeu vidéo, officiel, grandeur nature.

Plaisir du bonheur

La vie nous accable ? Une réunion avait été prévue avec le ministre de l'Éducation nationale sur le thème du lude. Personne n'est venu, tout le monde avait cru à un gag (pardon, une farce, un canular). Pas étonnant si l'on suppose que l'activité ludique n'est là que pour dorer la pilule de la formation.

Le plaisir, le bonheur ne sont pas des sous-produits. Ils sont, ils devraient être des « objectifs prioritaires ».

Activité libre, réglée, efficace, plaisante, le jeu s'impose. Ou bien s'oppose-t-il à l'esprit fin de siècle où la déréglementation souffle à tous vents, à tout va ?

La règle est vitale pour le jeu, sans elle il n'existe pas. Loin de brider, de brimer la liberté, elle la rend efficace et plaisante dans tous les domaines, à condition d'être valable, écrite, admise, durable...

Entrez dans une boulangerie. Dites : « Bonjour ». Personne ne répond, pas même la boulangère. Nulle communication. Le savoir-vivre en déroute, car désuet. Prétend-on : sans chapeau, pas de salut. Une petite fille affirmait pourtant : « J'ai deux mots magiques : s'il vous plaît et merci » et des adultes ne manquent pas de donner des conseils, des recommandations, de citer des règles du savoir-vivre en affaires pour éviter les faux pas dans un monde voué aux chocs des cultures.

« La morale, quelle horrreur ! N'en parlons pas ! » Parlons-en, justement ; chassée de l'école, oubliée de la famille, exclue de la rue, méprisée dans l'entreprise. Et l'on crie au désordre !

Alors des êtres errants, malfaisants et féroces imposent, d'une manière consciente et organisée, leurs propres règles, leur loi. « La Camorra tue les gens, même le dimanche. »

Innovation ? Rien d'original. Comme le mauvais temps. Les anciens paysans n'avaient pas besoin de lire les stoïciens pour être des philosophes. Et d'autres ont tiré leur épingle du jeu ; ils nous ont communiqué leur expérience : *L'Art de se tranquilliser dans tous les événements de sa vie*, Sarasa, 1736. – Leibnitz faisait grand cas de cet ouvrage – ou *L'Art de vivre content par l'auteur de la pratique des valeurs chrétiennes*, traduit de l'anglais (Amsterdam, 1708). Édifiant : « Le désir d'être heureux est essentiel à notre nature. »

Pensée imagée

Titre

L'audiovisuel.

But

S'entraîner à s'exprimer d'une façon visuelle.

Matériel

10 diapositives (ou images, photographies, dessins...).

Méthode

- On distribue à chaque groupe la même série de documents.
- Chaque groupe doit inventer un scénario qui relie les 10 documents sans respecter nécessairement l'ordre des numéros.
- Les groupes votent pour le meilleur scénario.
  Variante : les scénarios doivent respecter l'ordre des documents (1, 2, 3...).

Durée

1 heure.

Participants

De 2 à 16.

Idées

- Il est toujours possible d'établir une relation valable entre des éléments, aussi disparates soient-ils.
- Cette relation demande de l'imagination.

Analogie

Bandes dessinées.
Ateliers d'écriture.

Évaluation

- L'exercice est simple mais fructueux.
- On peut toujours mettre de l'ordre dans le désordre.
- Toute littérature, tout tableau ne sont que des lettres, « des couleurs dans un ordre assemblées » (Maurice Denis).
- Il faut seulement du talent et de la chance.
- Premiers groupes : Une histoire d'amour.
  Quelques années plus tard : Des histoires de drogue.

Communication attrayante

Document	Description sommaire	Idées clés du scénario
2 4 1	Fleur Jeune fille Tour Eiffel	Je suis une fleur de Province Ni trop belle ni trop grande ni trop mince J'arrive avec ma valise Car pour moi Paris c'est la terre promise (chanson)
3 5	Terrasse d'un café Marché	Une jeune fille attendait Cris : Ne pleurez pas, souriez, achetez mes oignons.
7 6 10 8	Statue Voitures Car Sens interdit	L'amour veille La circulation. Bruits. Brève rencontre avec un jeune homme La jeune fille repart pour la province
9	Coucher du soleil	Rideau. Musique

Référence

* *L'Air de Paris.* Revue musicale. Danseurs et chanteurs. Patrick Dupond et Manon Landowski (Espace Pierre-Cardin, Paris, novembre 2000). Sur le thème de la jeune fille de province, des refrains à succès pour plusieurs générations. Un superbe spectacle.
* *La Civilisation vidéo-chrétienne*, Derrick de Kerkhove (Retz, Paris, 1990).
* Stages d'un Centre audiovisuel pour l'entreprise.
  Coût d'une semaine : le prix de la scolarité de la 6e à la 1re.
* *Le Symbolisme des jeux*, Jean-Marie Lhote (Berg-Belibaste, Paris, 1976). Concilier le jeu et le sacré ne serait-ce que dans l'humour.
* *Comment écrire son film*, Jean-Marie Roth (Top Éditions, Paris, 1992).
* *Écrire pour le multimédia*, Ariane Mallender (Dunod, Paris, 2000). De l'idée à la réalisation.
* *Les Produits interactifs et multimedia*, Françoise Séguy (Presses Universitaires de Grenoble, 2000). « Contre les méthodes inadaptées, utilisation abusive des nouvelles tech-

nologies et incompréhension des spécificité des produits interactifs. »

* *Les Maths refont les nœuds de cravate*, Hervé Ratel (Revue *Sciences et Avenir*, Paris, 1999). Sur une fantaisie, des images obtenues par modélisation. À comparer avec le « sac de nœuds des protéines ».

* Service de film de recherche scientifique (Catalogue, Paris, 2000).
Films, vidéos, CD-Rom.
Passionnant. Notamment sur les comportements, les conflits, la perception, les langages.

* *Jeux de rôles, jeux vidéo, multimédia. Les faiseurs de monde*, Laurent Trémel (Presses Universitaires de France, Paris, 2001).
Une sociologie de la jeunesse (les faiseurs de mondes imaginaires), une ouverture hors de la technique. De bonnes questions : quels sont les effets des vidéos, des multimédias ? Attendons les réponses, armons-nous de patience.

* *L'exposition*, divers auteurs (Revue MédiaMorphoses n° 9, Paris, novembre 2003.)
L'archive audiovisuelle – de l'histoire immédiate au devoir de mémoire.
L'exposition : un fonctionnement médiatique.
Exposer, savoirs et pouvoirs.
L'exposition et ses publics : l'espace d'une rencontre.

* *Les plus belles images de science* (Supplément à la revue Science et vie, n° 1055, Paris, août 2005).
Images qui démontrent, expliquent, alertent, donnent à réfléchir, commentées par des prix Nobel et médaillés Field.

* *La musique est-elle est un art de penser ?* Palais des congrès et de la culture du Mans, 21-23 octobre 2005.

Communication attrayante

Pensée imagée

Titre

La lettre-image.

But

Initier aux problèmes de création d'un logotype (image de marque, symbole).

Matériel

Série de documents représentant différents types de lettre-image.
Page suivante.

Méthode

Demander aux participants de transformer en image une des lettres d'un mot (par exemple hexagone) de façon que cette image évoque le mot tout entier (par exemple le O devient un hexagone).

Durée

5 minutes par mot.

Participants

De 10 à 20 personnes.

Idées

- Il est relativement facile de traduire de cette façon une idée (le mot) en image.
- Il faut davantage de qualités d'imagination que de talents graphiques.
- Cette image pose les mêmes problèmes que les logotypes, mais d'une manière plus simple.

Analogie

- Publicité.
- « Dites-le avec des fleurs. »

Évaluation

Au choix.

Référence

- *Les Mots ont des visages*, Joël Guenoun (Éditions Autrement, Paris, 1998). « Dans sérieuse, il lit rieuse. »
- *L'Image et la lettre*, Massin (Gallimard, Paris, 1970). Réédité.

Communication attrayante

Humour

Titre

Un tigre dans votre ferveur.

But

Découvrir les ressorts d'une communication attirante.

Matériel

Aucun.

Méthode

À propos d'une campagne de publicité, trouver, si possible, des formules humoristiques, éventuellement accompagnées de dessins.

Par exemple, à l'occasion de la publicité faite autour du tigre ESSO, les formules suivantes ont été utilisées :

* Un tigre dans votre ferveur.
* Un tigre dans le réservoir, un âne au volant.
* Tous les hommes ont un tigre dans le moteur.
* Un vendeur, à deux amoureux de Peynet en contemplation devant une 2 CV sous le capot de laquelle il y a un chat : « Vous ne pensez pas que pour ce prix-là, on va vous mettre un tigre ? »

  Variante : demander aux participants de constituer une documentation sur ce sujet.

Durée

Variable. Étant donné la difficulté de l'exercice, il doit intervenir après d'autres jeux. La qualité, l'intérêt des participants influent beaucoup.

Participants

De 10 à 20.

Idées

* La création n'est pas aisée : il faut du temps.
* Elle nécessite une bonne ambiance de participation.
* Le hasard joue un grand rôle.

Communication attrayante

Analogie

- L'utilisation de formules est constante en publicité. Elle devrait l'être également dans les rapports à usage interne. Humour involontaire : « Le non-allumage des voyants indique une défaillance » (notice technique, 1999).

Évaluation

Bien noter les obstacles rencontrés et les résultats obtenus.

Référence

- *Communication, je me marre*, Gabs et Jissey (Eyrolles, Paris, 1993).
- Documentation ESSO : « Un tigre dans votre moteur. »
- *Lettres en folie*, A. Duchesne et Th. Legay (Magnard, Paris, 1988).
- *Humour Consulting Group*, Paris. Un consultant polytechnicien devenu humoriste.
- *Humour et Management (Management by Smiling Around)*, Jean Brousse et François Eyssette (Le Cherche Midi, Paris, 1988).
  En français, en anglais et en dessin.
  I want a software package that does every thing except fire people. I still enjoy doing that manually.
  Je veux un progiciel qui fasse tout, sauf les licenciements. Ça continue à m'amuser de faire ça manuellement.
- *50 dessins d'humour pour perfectionner votre allemand*, Paul Thiele (Librairie Générale Française, Paris, 1992).
  Le livre s'inspire du travail industriel, du transport... Le dessin suggère une interprétation de cette réalité que le lecteur est invité à compléter.
- « Une frénésie épistolaire saisit un jour une dame de qualité et d'esprit à Versailles. Elle adresse une missive à son mari : Mon ami, je vous écris parce que je ne sais quoi faire. Et j'en finis parce que je ne sais quoi dire. »
- *Le bêtisier des conflits au boulot*, Jean Rigol (Éditions d'Organisation, Paris, 2000).
  Extraits des arrêts de la Cour de Cassation.

Humour

Titre

Allô !

But

Développer l'originalité de l'expression.

Matériel

Liste de définitions ou de mots.
Page suivante.

Méthode

Donner des définitions humoristiques et demander de trouver les mots correspondants.

1ʳᵉ variante :

Donner des mots et demander de trouver des définitions humoristiques correspondantes.

2ᵉ variante :

Étant donné une liste de définitions, demander en quoi ces définitions sont précises et originales et quelles sont les méthodes qui permettent de découvrir ces définitions.

Note : Pour faciliter le jeu, on disposera les mots en croix et on indiquera quelques lettres.

Durée

Au choix.

Participants

Nombre indifférent.

Idées

* L'humour, moyen de faciliter les communications.
* Pour réussir, des méthodes logiques sont nécessaires sinon suffisantes.

Analogie

Discours de réception ou d'adieu.

Évaluation

* Ce jeu est à présenter en début et en fin de stage. La diffé-

rence des productions est alors significative de l'évolution des individus et des groupes.

* Il est intéressant de demander de classer les définitions suivant leur valeur et de comparer les listes.

Référence

* *Dictionnaire des mots d'esprit.* 11 000 définitions humoristiques, Jean Delacour (Albin Michel, Paris, 1977).
* *Si t'es gai, ris donc,* Jean-Paul Grousset (Julliard, Paris, 1963).

Mots	Définitions
Allô !	Un mot standard
Angle	Deux droites qui se rencontrent dans un coin
Chômeur	Individu désappointé
Électrolyse	Affaire de l'ion
Guillotine	Petite fenêtre ouverte sur l'éternité
Logarithmes	Tables d'opérations
Micro	Canne à sons
Outillage	Ensemble instrumental
Salaire minimum	La gêne scandale
Statistiques	Musée des erreurs
Télévision	La dame aux caméras
Vacances	La fuite enchantée
Zodiaque	Le champ des signes

P.-S. :

– *Question :* un mot en 5 lettres, commençant par M et finissant par E et dont la définition est : « Ne souffre pas de réplique » ?

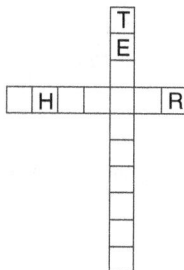

– *Réponse :* Musée !

Verticalement :
la dame aux caméras –
télévision

Horizontalement :
individu désappointé –
chômeur

Communication attrayante

© Groupe Eyrolles

165

Force de frappe

Titre

Mon grand-père s'appelait Maximilien.

But

Réfléchir à l'élaboration des formules.

Matériel

Liste de formules.

Méthode *(Voir également fiche n° 42)*

- Analyse du fond et de la structure des formules.
- Comparaison avec les slogans publicitaires.

Mon grand-père s'appelait Maximilien et il jouait du saxophone. Mon père s'appelait Maxime et il jouait du saxo. Moi je m'appelle Max et je joue du sax. Si j'ai un fils, je l'appellerai M. et il ne fera pas de musique.

Les 40ᵉ rugissants, il faut les avoir vécus pour avoir le droit d'en parler. Quand on les a vécus, on n'a plus tellement envie d'en parler.

Les environs que les autres nous envieront.

Du monopole de la télévision à la télévision des monopoles.

Une grande suffisance mêlée à beaucoup d'insuffisances.

Les architectes modernes ne mettent pas de fleurs à leurs bétonnières.

Bagdad, juillet 1973 : le ministre de la Défense assassiné par le ministre de la Sûreté.

La France ne manquera pas de pétrole... sur ses plages.

Où est passé M. Sécheresse ? Noyé dans les dossiers. Où est passé M. Bruit ? Il se tait.

Un millier d'ouvriers préfère quelques espèces sonnantes à une lutte qui risque d'être trébuchante.

Le pays est au bord du gouffre, mais nous allons faire un pas en avant.

Communication attrayante

Durée

Au choix.

Participants

Nombre indifférent.

Idées

* Si la structure des formules peut être facilement découverte, la raison de leur valeur est plus difficile à dégager.
* C'est en s'inspirant plus ou moins consciemment de ces exemples que l'on arrive à en trouver d'autres... avec un peu de chance.

Analogie

Les écrits publicitaires.

Évaluation

Efficacité et plaisir.

Référence

* *Les Mots historiques des pays de France*, E. Trogen. Aquarelles de Job (A. Mame et fils, éditeurs, Tours, 1896). Les mots et leur contexte.
* *Les Mots de la fin. Ce qu'ils ont dit sur leur lit de mort*, Jean-Marie Proslier (Nouvelles Éditions du Pavillon, 1987). « Georges Clemenceau : Pour mon enterrement, je veux le strict nécessaire. » Le médecin : « Qu'entendez-vous par le strict nécessaire ? » Georges Clemenceau : « Moi ».

« Voltaire : Je m'arrêterais de mourir s'il me venait un bon mot, une bonne idée. » Il attendit. Rien ne vint. En désespoir de cause, il s'éteignit.

Pour nous éviter pareille mésaventure, préparons-nous, en pleine forme.

« Saint Pierre, à nos dés maintenant ».

Communication attrayante

Force de frappe

Titre

La santé fait des ravages.

But

Concision de l'expression.
Forme attirante.

Matériel

Extraits de périodiques (textes ayant des titres « frappants »).
Voir à la suite.

Méthode

- Proposer un texte tiré d'un périodique.
- Demander de trouver un titre (« manchette »).
- Discuter des titres trouvés.
- Montrer le titre réel.
  Variante 1 : Ayant le titre, rédiger un texte.
  Variante 2 : Demander, si possible, en début de session de rechercher des cas réels ou d'inventer des textes et titres de ce genre.

Durée

Au choix.

Participants

Nombre indifférent.

Idées

- Difficulté de trouver l'idée essentielle.
- Les différents types d'humour.

Analogie

- Slogans des affiches de sécurité.
- Textes littéraires et journaux.

Évaluation

Au choix.

Référence

Montesquieu. Des lois au bonheur.
Corrado Rosso (Éditions Ducros, Paris, 1971).

« On découvre dans l'Esprit des lois avec la joie de comprendre, le bonheur et l'intelligence, la satisfaction apaisante ou enivrante de savoir démêler, jusque dans les pratiques les plus déroutantes, la raison des choses. »

TEXTE DE JOURNAUX	TITRES
Le ministère de la Santé allemand, les compagnies d'assurances, les caisses-maladie, la direction des sports de la République fédérale d'Allemagne sont sérieusement préoccupés : les Allemands font trop de sport, et trop sérieusement. La quatrième vague de l'après-guerre, celle de la santé, qui a succédé à la génération de la maison, de l'automobile et de la bonne chair et en est l'héritière directe (n'est-elle pas en rébellion contre l'immobilité provoquée par le confort et les ventres trop gros ?) s'est révélée un « boomerang ». Ayant pris son envol en autorisant espoir et enthousiasmes, l'arme de la santé est retombée sur ceux qui l'ont lancée. Les faits divers rapportent que, chaque jour, des dizaines de personnes, généralement âgées de plus de quarante ans, sont atteintes de malaises ou d'infarctus pendant leur course à travers bois. Les salles d'attente des médecins sont bondées de milliers de patients qui se plaignent d'entorses, de déchirures, de fractures, de troubles circulatoires : il s'agit, dans une large mesure, de personnes qui se sont laissé séduire par l'opération « Trimm dich » (littéralement : « équilibre-toi »). Lancée il y a six ans par une colossale campagne de propagande à base de tracts, de prospectus et de publicité offerte gratuitement par des quotidiens, des hebdomadaires et les stations de télévision, elle fait aujourd'hui des ravages.	**La Santé fait des ravages en Allemagne** →

Communication attrayante

TEXTES	TITRES
Les armateurs à la pêche lancent un S.O.S. : « L'équilibre de nos dépenses et de nos recettes risque de se rompre. » Dans cette profession comme dans les autres secteurs de l'économie, le motif de ces craintes est facile à deviner : la flambée des prix des produits pétroliers. La pêche est vraisemblablement une des branches de l'industrie française pour laquelle le prix du carburant pèse le plus lourd dans l'ensemble des dépenses d'exploitation : 5 à 10 % ces dernières années selon les bateaux, 13 à 17 % aujourd'hui.	**Les Pêcheurs en première ligne**
Les fonctionnaires de police chargés, au sein de chaque unité, des relations avec les journalistes ne sont pas passés inaperçus. L'un d'entre eux était posté en première ligne, en uniforme et casqué avec son brassard rouge où était inscrit : « Police nationale, liaison presse ». La longue matraque noire qu'il tenait à la main droite a provoqué l'indignation des journalistes présents.	**« Liaison dangereuse »**
Les débats budgétaires de l'Assemblée nationale vont mettre cette année, comme l'an dernier, le Quai d'Orsay sur la sellette. Administration mal connue, injustement traitée selon les uns, inadaptée sinon inutile selon les autres, le ministère des Affaires étrangères est en tout cas en proie à un malaise. Un train de réformes est en préparation pour y remédier.	**Le « Quai » dans les brumes** $\rightarrow$

© Groupe Eyrolles

TEXTES	TITRES
Pour Christian Siret et Jean-Philippe Mariaud de Serres, (deux jeunes antiquaires du Palais-Royal à Paris, arcades 135 à 137), il n'est pas d'objets qui vaillent autant la peine d'être pieusement, systématiquement rassemblés que les petites cuillers. La collection qu'ils présentent (jusqu'au 15 décembre) est de la plus grande, de la plus troublante diversité. Cuillers à feu, cuillers à encens, cuillers à fard, cuillers à eau sacrée, cuillers de maladrerie (pour porter la nourriture à la bouche des malades), cuillers de communion (pour faciliter le passage du pur dans l'impur, selon certaines traditions orthodoxes), cuillers-poche, cuillers-idoles à corps de femme, cuillers de chasse gothiques, ou, plus innocemment, cuillers à confiture ou à doser le café, la gamme des créations dans ce domaine paraît pratiquement illimitée. Le chef-d'œuvre : une cuiller en provenance de l'île de Pâques. La rareté des raretés : une cuiller à eau lustrale de la ville de Kerbala (Orient). Un rêve de chercheurs : la cuiller qui servait, selon certaines légendes du Pacifique, à recueillir les larmes de bonheur des amoureux comblés. Introuvable à ce jour.	**Les Petites Cuillers à la pelle**
Ouvertement posée par le récent et dramatique naufrage de la drague « Cap-de-la-Hague » devant Dunkerque, la question de la sécurité à bord des navires fait à nouveau l'objet de vives controverses. →	**Des navigateurs solidaires**

Communication attrayante

TEXTES	TITRES
Une action européenne devrait permettre d'adopter une attitude commune, par exemple, à l'égard des bateaux battant pavillon de complaisance qui fréquentent les ports européens, et à bord desquels les règles de sécurité sont très souvent bafouées. Dans le domaine de la sécurité au moins, on veut espérer que la traditionnelle et toujours vérifiée solidarité des gens de mer l'emportera sur les réserves de certains États devant toute forme de supranationalité.	
Tu souriais comme un bienheureux. En patrouille sur la frontière du Kosovo, ton pays natal, une caméra de TF1 t'avait caressé de son regard. C'est rare, en pleine débâcle, un orphelin qui sourit comme un ange. Un inconnu, dans un abri de fortune, te tenait sur ses genoux. Il t'avait recueilli. Les partisans de l'UCK, en déroute devant les tanks serbes, t'avaient confié à lui. Personne, parmi les fuyards, ne savait qui tu étais. Ton papa était mort, ta maman grièvement blessée, disait-on, avait disparu. La télévision t'appelait « sans nom et sans âge ». Tu devais avoir deux ans. Tu étais un petit blondinet joufflu. Emmitouflé dans ton manteau, tu semblais surpris par ce que tu voyais autour de toi. Tes grands yeux noirs regardaient le monde avec émerveillement. Tu ne comprenais pas les pleurs des femmes et des vieillards agglutinés dans la pièce, transis de froid et de peur. Un gamin s'était approché de toi et tu lui souriais comme un chérubin. Ce soir-là, sur l'écran de mon récepteur, qui réceptionnait les horreurs de la guerre, tu incarnais la résurrection éternelle de la vie. $\rightarrow$	**Baptême du feu** Alain Rollat 16 avril 1999

Communication attrayante

TEXTES	TITRES
Te baptiser Jésus eût été orthodoxe mais déplacé. Tes racines albanaises avaient sûrement fait de toi un petit musulman et ce n'était pas le moment de faire de la provocation. La bonne inspiration m'est venue en zappant. L'envoyée spéciale de France 2, Maryse Burgot, la voix défaite, racontait les mêmes scènes de fuite sur la même frontière. Comme tous les journalistes de l'Alliance démocratique, elle souffrait de notre impuissance collective. Son reportage comportait une scène inédite. On y voyait, en pleine montagne, une paysanne des plus humbles en train d'utiliser un matériel des plus sophistiqués : un téléphone satellitaire. Maryse Burgot précisait qu'il s'agissait de son propre instrument de travail. Elle avait croisé cette femme en détresse et lui avait prêté son téléphone. De sa part, cela n'était rien. Un simple réflexe de compassion. Et, pourtant, soudain, ce geste banal signifiait tout. En sortant de son rôle d'observatrice, en prêtant son téléphone à cette femme pour qu'elle puisse communiquer avec les siens, cette bonne Samaritaine venait de renvoyer à leur néant les bourreaux de tes parents. Car m'est alors revenu à l'esprit ce que disait une réfugiée allemande des années 30, une certaine Hannah Arendt : « *Nous humanisons ce qui se passe dans le monde en nous parlant et, dans ce parler, nous apprenons à être humain.* » Cette pensée m'a conduit au souvenir de l'un de tes aïeux grecs qui se savait, lui aussi, citoyen du monde. Voilà pourquoi, cher blondinet, je t'ai baptisé Socrate.	

Communication attrayante

Force de frappe

Titre

Le petit rédacteur.

But

Essayer de répondre à la question : un rapport doit-il seulement informer les lecteurs ?

Matériel

Collection de documents destinés à être diffusés les uns à l'extérieur des entreprises, les autres à l'intérieur.
Papier, ciseaux, colle (au minimum).

Méthode *(Voir également fiches n° 6, n° 36, n° 47 et Documentation)*

* On demande aux participants d'éditer des rapports à partir de découpages de documents mis à leur disposition.
* Écrire une lettre de félicitations au journal *Le Monde* à l'occasion de son 50ᵉ anniversaire.

Durée

2 heures.

Participants

Par groupe de 4.

Idées

* Sérieux ne veut pas dire sinistre : un rapport doit informer et plaire.
* L'effort fait dans le domaine de la communication externe doit se poursuivre dans le domaine interne.

Analogie

* Circulaires, notes de service.
* Un Meccano haut de gamme : de nombreuses pièces à assembler.
* Recueil de déclarations d'amour (cela nous change de l'entreprise).

Évaluation

- Grâce à l'informatique même un amateur peut éditer des documents corrects, des disquettes, des CD-Rom...
- Avantages par rapport au livre habituel : mise à jour rapide, impression économique, couleurs, police de caractères variés, mise en pages facile, sortie en petit nombre d'exemplaires, à la demande.
- On peut écrire un texte, éditer une disquette, etc. en laissant le soin aux lecteurs de compléter, de modifier, d'ajouter du son, des dessins animés, du relief. Mais combien le feront ?
- Cela suppose au préalable une rédaction convenable. Cependant peut-on à la fois écrire, se corriger, s'occuper de la diffusion ?

  La division du travail a ses vertus : on ne peut pas faire le métier de tant de monde.

Référence

- Guerlain, parfumeur-distributeur in *L'expression écrite, image de l'entreprise*, Gilbert Béville (Éditions d'Organisation, Paris, 1980).

  Analyse de l'album paru en 1978 à l'occasion du 50e anniversaire de la célèbre marque.
- *Le Petit Rédacteur des amoureux*, Léon Lelièvre et Léon Mailhot (Paris, 1902). Un style naïf, souvent poétique, amusant (lettre d'un soldat à sa payse).

  À regretter que la correspondance soit délaissée.

  À moins que... (Les prêts-à-poster relancent les échanges épistolaires. (Journal *Le Monde*, Paris, 17 mai 1997.)
- *Rencontres d'imaginaires en reliure*. Marthe Béville. (Exposition Bibliothèque municipale, Marly-le-Roi, 9-23 octobre 1999 à l'occasion du « Livre en fête ».

  « À la sauvegarde d'un livre ancien, même modeste, à jamais sauvé de l'oubli, s'ajoute le désir de lui redonner une nouvelle vie. »

  « Ses réalisations sont une sorte de rencontre subtile intime où se mettent en valeur l'imaginaire d'un auteur, celui de l'illustrateur et son propre imaginaire. »

- *Les Petits Papiers*, Alain Duchesne et Thierry Leguay. (Éditions Magnard, Paris, 1991.) Éloge de la concision, « Ensemble dans le soir tranquille, Volent, notes de l'Angélus, Chauve-souris et hirondelle », Haïku de José Juan Tablada.

- Les libraires en ligne s'affrontent sur le contenu éditorial de leurs sites, Michel Alberganti (journal *Le Monde*, Paris, 9 septembre 2000).

- Citroën, une saga publicitaire, Union Centrale des Arts décoratifs (Musée de la publicité, Paris, janvier 2001)
  Exposition intéressante, mais logique industrielle (?), un constructeur d'automobiles qui dépense des millions pour sa publicité est incapable de financer un catalogue.

- *L'Oulipo. La littérature comme jeu* (Magazine littéraire, n° 395, Paris, mai 2001).

- *La musique électronique*. CD-Rom (INA – Groupe de recherche électronique, Paris, 2001).
  www.hyptique.net
  Le disque permet aux amateurs éclairés de composer leurs propres expériences vocales et instrumentales.

Chapitre 3

RENOUVEAU DE LA COMMUNICATION

Une découverte contemporaine

L'image en 3D, en trois dimensions – le stéréogramme – une carte postale plate, bigarrée, sans signification à première vue.

Avec un peu d'entraînement, un nouveau regard, une nouvelle vision : en profondeur apparaît une caravelle engloutie entourée de récifs coraliens. Magnifique. Lumineux.

Instruits par l'expérience nous retrouvons des papiers peints, des versos d'avis postaux recommandés produisant le même effet. Plus : nous pouvons réaliser des stéréogrammes, sans informatique, avec des moyens toujours disponibles, gratuits : la main et le cerveau.

Une idée ancienne

Le succès des stéréogrammes s'est affaibli. Reste une idée ancienne : au-delà du visible découvrir l'invisible, l'ordre sous le désordre, trouver le sens caché, l'anamorphose. Un dessin d'Ehrard Schön (1535) ; de face un paysage, des paysans ; en vision latérale les visages de Charles Quint, Ferdinand Ier, le pape Paul III, François Ier. Un symbole affirmé : l'Histoire dirigée par les hommes, célèbres ou non.

Un problème constant

Un moraliste écossais, reconverti dans l'économie, a déclaré, en 1776, que l'intérêt général est assuré spontanément par les individus ne poursuivant que leur intérêt particulier. Une main, invisible, le marché, règle les opérations.

Finalement triomphe de la finance ? Même pas. Après des siècles d'Économie Politique, défaillance(s) de l'Économie et de la Politique : dans tous les pays, roitelets et mafieux ennuient le monde. De la Richesse des Nations à la Pauvreté des Sociétés : pauvres sociétés !

Il est tout à fait souhaitable, normal, que les hommes (y compris les femmes) soient des entrepreneurs entreprenants – des acteurs, de bons (et beaux) joueurs.

Pour éviter l'anarchie, les conflits, il faut une coopération, une coordination. L'organisation de l'entreprise privée et publique obéit, en principe, à cette règle.

Cela suppose qu'à tous les niveaux il en soit de même.

Dans tous les domaines, de bas en haut, il est vital qu'il y ait des individus, des groupes compétents et puissants y compris les États, mieux : l'État. Au-delà : des règles supérieures.

Cet ordre est tout sauf spontané. Il demande beaucoup de subtilité et d'effort. Mon Dieu, que nous serons loin du laisser-aller : un réseau cohérent capable d'intégrer l'évolution des sciences, des techniques, des technologies modernes, c'est-à-dire actuelles et futures pour leur donner un sens.

Styles de communication

Titre

L'orange.

But

Illustrer la possibilité pour le récepteur d'un message banal de devenir le créateur d'un message original.

Matériel

Des feuilles de papier blanc 210 x 297 au centre desquelles est imprimé un disque orange de 3 cm de diamètre.
Divers crayons de couleur.

Méthode *(Voir également fiches n° 8, n° 13)*

* On distribue les feuilles de papier.
* On demande de faire un dessin à partir de ce disque.
  Note : chacun peut recevoir autant de feuilles qu'il le désire.

Durée

Au choix.

Participants

Si possible un grand nombre.

Idées

* C'est l'exemple type de la communication-création.
* L'attitude en face d'un problème détermine souvent davantage la valeur du résultat que la compétence technique.

Analogie

Modification de modèles.

Évaluation

On notera particulièrement :
– L'originalité, exemple :
  Un lord et son lorgnon.
  La marque au front d'une hindoue.
  Un œuf en coupe.
  Un rond orange s'adresse à un rond vert : « Ça ne va pas ? »
– L'attitude par rapport au dessin, exemple :

Je ne sais pas dessiner ; je n'ai rien pu faire.
Je ne sais pas dessiner ; j'ai schématisé.
Je ne sais pas dessiner ; j'ai dû expliquer mon dessin.
Cf. le problème des 9 points dans la conclusion.
– L'attitude par rapport à la donnée ; exemple :
Le disque tel quel accompagné du mot : orange
Le disque recouvert de noir, avec la légende : il a trop bu.
Le disque entouré d'un carré et la mention : Made in Japan.

Référence
Musée des arts décoratifs, Paris, 1971.

Styles de communication

Titre

Le parallélogramme.

But

Comprendre les problèmes posés par un style de communication : la direction par les objectifs, les buts.

Matériel

Un puzzle de 7 pièces (Créatec) par exécutant. Voir le rabat de la couverture.

Méthode *(Voir également fiches n° 27, n° 31)*

Un émetteur fixe à un récepteur un objectif à atteindre : construire un parallélogramme en utilisant le Créatec.
Note : il pourrait y avoir d'autres figures plus ou moins faciles à réaliser (au verso).

Durée

20 minutes.

Participants

De 2 à 8 personnes.

Idées

* L'objectif est précis, rigoureux.
* Il faut découvrir la méthode, ce qui suppose pour le récepteur :
  – avoir de l'initiative,
  – avoir une responsabilité (problème difficile, risque d'échec).

Analogie

Les relations entre un directeur et ses collaborateurs.

Évaluation

* Analyser dans quelle mesure les participants admettent dans leur activité quotidienne – ou sont prêts à admettre – les obligations que la direction par les objectifs impose à l'émetteur et au récepteur.
* Analyser dans quelle mesure, ici, les participants sont à même de profiter de leur liberté, c'est-à-dire de réussir à créer des

parallélogrammes, des hexagones... éventuellement différents modèles.

Référence

- *Objectif compétence. Pour une nouvelle logique*, P. Zarifian
(Éditions Liaisons/Éditions d'Organisation, Paris, 1999).
- *Objectif Intranet*, E. Vidal (Éditions d'Organisation, Paris,
1998). « Le mode de communication en réseau transforme
les méthodes et styles de management. »
- *100 Fiches de pédagogie. Définir la situation et les objectifs*,
Dominique Beau (Éditions d'Organisation, Paris, 2000).

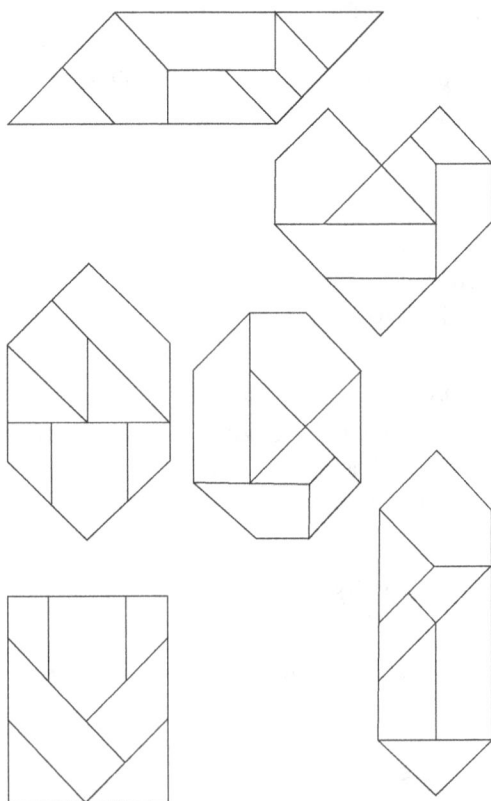

Styles de communication

Titre

Antiroutine.

But

Reconnaître que la routine nous pousse à nous borner au style de communication qui nous est familier.

Matériel

Un puzzle de 7 pièces (Créatec) par personne.

Méthode *(Voir également fiches n° 11, n° 23, n° 24, n° 29)*

Créer rapidement un grand nombre de figures en utilisant le Créatec.

* Trouver les points communs de toutes ces figures (par exemple il s'agit toujours d'oiseaux).
* Inventer des figures différentes (paysages, mots, phrases !).

Durée

Si possible une longue période de temps (4 semaines) pendant les moments de loisir.

Participants

Jeu individuel devenant collectif à l'occasion de la confrontation des expériences.

Idées

* Activités permettant de se poser les questions suivantes :
Pourquoi ai-je choisi tel sujet ?
En quoi mes créations se ressemblent et me ressemblent ?
Comment ai-je pu échapper à ma routine ?
* Confrontation d'expériences individuelles apportant à chacun un enrichissement.

Analogie

La routine dans l'industrie.
Échapper à la routine dans les relations internationales.

Évaluation

Le passé est parfois d'avant-garde. Voir Érasme (rubrique référence p. 184).

Renouveau de la communication

Référence

- *Jeux de manipulation*, Alain Cardon (Éditions d'Organisation, Paris, 1995). Les jeux négatifs, aux dépens des joueurs.
- *Le Jaro*, André Voisin (Établissements J.-M. Simon France Cartes, Paris, 1983).
  « Ce jeu vous rapproche de vous-même et d'une forme de sensibilité subtile : celle de votre esprit. » André Voisin fut le producteur, à la télévision française, d'une émission célèbre en son temps : les conteurs.
- *20 Tests pour se connaître*, M. et F. Gauquelin (C.P.L., Paris, 1972).
- Salon international du jeu pour la formation des adultes (mai 1993, Paris).
  Notamment des clowns du TRAC (Théâtre Regard, Action, Clown) de Fontainebleau pour valoriser les relations des participants.
- *Asie, business et bonnes manières*, Bruno Marion et Hervé Barkatz (Éditions d'Organisation, Paris, 1993.)
  « Dans quelle langue rédiger la carte de visite ? Quels sujets aborder dans votre conversation de courtoisie ? Comment repérer et utiliser les circuits de relation et de pouvoir ? ». Les bonnes manières ? Pourquoi pas en Europe ?
- *Mexique. Culture et savoir-vivre pour mieux négocier*, R. Malat (Éditions d'Organisation, Paris, 1990).
- *Savoir-vivre en affaires*, Daniel Povot (Les Éditions Povot, Paris, 1997).
  Comment se comporter dans des situations classiques ou inhabituelles pour éviter les faux pas.
- *La Civilité puérile* (1530). Latin-français. Érasme de Rotterdam (Isidore Lisieux, Paris, 1877).
  « Il convient que l'homme règle son maintien, ses gestes aussi bien que son intelligence. »

© Groupe Eyrolles

Styles de communication

Titre

Le petit garçon au chandail rouge.

But

Comprendre les conséquences du style de communication par suggestions (à demi-mot, par sous-entendus, litotes, points de suspension...).

Matériel

1 puzzle de 7 pièces (Créatec) par exécutant.

Méthode

- Un émetteur, plusieurs récepteurs.
- L'émetteur déclare :

   « Réalisez avec le Créatec l'image d'un petit garçon. Ce petit garçon au visage bleu de froid a l'esprit de fantaisie et de l'humour. Pour courir dans le vent, il mise « couleurs » !... Bleu aussi est son chapeau tyrolien, rouge son chandail, jaunes ses bottes, vert son foulard et un seul de ses gants, le gauche, car il a caché l'autre. » (Marthe Béville).

- On confronte les images réalisées par les récepteurs avec l'image type (fiche n° 39).

Durée

20 minutes.

Participants

De 1 à 8 personnes.

Idées

- Ce style de communication est plus simple que le style par instructions systématiques.
- L'image réalisée est nécessairement différente de l'image modèle ; il faut que l'émetteur soit prêt à admettre cette différence.

Analogie

- Les relations entre un directeur et ses subordonnés.
- L'allusion, l'ellipse.

Évaluation
Au choix.

Référence

- *Méthodes de communication*, Gilbert Béville (Éditions d'Organisation, Paris, 1972).
- Stages et colloques « Écrit, image, oral et nouvelles technologies » sous la direction de Mme Marie-Claude Vettraino-Soulard (Université Paris 7 – Denis Diderot « Jussieu »), 1998-1999.
- *Typoésie*, Jérôme Peignot (Imprimerie Nationale, Paris, 1993).
  Alliance de la poésie, de la typographie ; mise en scène de lettres et de mots.
- *Types aux graphes*, David Lee Fong (Zulma, Paris, 2000).
  « Les portraits sont formés de lettres qui composent le prénom, le nom des personnages et qui évoquent leur profession ou leur caractère.
  À vous de jouer, nom de nom ! »
  Sans lire la solution, devinons les noms, les métiers... et les caractères typographiques.
- *Besoin d'art ? Absolument !* Éditorial de Anthony Bellanger et Sophie Ghezardi (Courrier des livres et des idées – supplément du Courrier international, Paris, 24 décembre 2003).
- *Oui*, Joël Guenoun.
  (Éditions Autrement, Paris, 2000.) « Une image graphique jubilatoire. »

Communication avec soi

Titre

Cloisonnement.

But

Montrer qu'il y a parfois non-communication à l'intérieur de soi-même.

Matériel

Expérience à décrire verbalement ou à réaliser avec des projections (1 et 2 du verso).

Méthode *(Voir également fiches n° 23, n° 29, n° 33)*
- On projette un document représentant un personnage du Moyen Âge tenant à la main une feuille de papier (1) et on demande aux spectateurs de bien l'observer.
- On projette plusieurs documents ambigus et on fait discuter les spectateurs à leur sujet.
- On projette une image schématique (2) du personnage (1).
- Peu de personnes font le rapprochement entre 2 et 1 sauf si on attire leur attention sur leur ressemblance. Certaines en voyant l'image (2) déclarent : « Cela ressemble à une personne tenant une feuille de papier » sans faire consciemment référence à l'image (1).
- *Note :* On peut se contenter de relater l'expérience sans projeter les images.

Durée

15 minutes (délai entre la projection des images 1 et 2).

Participants

Jeu individuel. La présence d'autres personnes n'affecte en rien le résultat.

Idées
- Difficulté d'établir des relations entre des informations mémorisées.
- Problèmes de la schématisation.

Analogie

Cloisonnement entre les services de l'entreprise.
Décisions à prendre à partir d'un tableau lumineux (synoptique) en cas d'urgence, de panique.

Évaluation

Référence

* *L'Œil magique*, N.E. Thing Entreprises. Bedford MA États-Unis (vers 1993).
  À première vue, une image plate, confuse. Avec de l'entraînement, on aperçoit que l'on vous offre une fleur. Superbe stéréogramme.
* *Stéréomagie*, Jacques Ninio (Seuil, Paris, 1994).
  Nous sentons notre esprit fonctionner comme la mise au point automatique d'un appareil photographique.

Communication avec soi

Titre

Autoformation.

But

Comprendre les difficultés de communication avec soi-même dans un souci d'autoformation.

Matériel

Un Créatec (puzzle de 7 pièces).

Méthode *(Voir également fiches n° 17, n° 34)*

Le joueur doit se fixer comme objectif de créer le plus grand nombre possible de figures en se servant du puzzle.

Au cours de cette tentative, il rencontre toutes les difficultés de la communication ; notamment aboutissant à des impasses, il devra réfléchir à la façon d'utiliser les informations et les moyens à sa disposition (souvenirs, imagination, intelligence) pour progresser de nouveau.

Durée

Effort étalé sur plusieurs mois.

Participants

Jeu individuel, difficile.

Idées

- La création suppose une bonne communication entre tous les éléments de notre psychisme.
- Cette communication s'éprouve dans le jeu.

Analogie

La recherche. Examen de conscience. Autocritique. Soliloque.

Évaluation

Elle devra s'attacher notamment aux points suivants :

- Noter les résultats obtenus, c'est-à-dire reproduire par le dessin des figures réalisées, mais aussi les tentatives (figures imparfaites).
- Classer les figures dans l'ordre de leur invention et dans l'ordre

logique (formes géométriques simples ou complexes, animaux, personnages, visages, objets).

- Analyser les causes des réussites, des blocages, des échecs – l'influence des souvenirs, de la forme et de la couleur des pièces, des circonstances extérieures (voyages, hasard), des méthodes employées (pièces juxtaposées ou non, rôle de la pièce choisie comme élément central), etc.

Note : on trouvera ci-joint des fragments d'autoévaluations faits par des participants.

Référence

- *T'es toi quand tu parles*, Jacques Salomé (Albin Michel, Paris, 1991).
- *La Mise en scène de soi. Langage du corps et communication*, Guyette Lyr, (Éditions d'Organisation, Paris, 1992).
  « Mieux vivre l'échec avec le recul de l'humour. Exprimer notre sincérité avec conviction face aux autres. »
- *L'Image de soi. Mode d'emploi*, Marie-Louise Pierson (Éditions d'Organisation, Paris, 1992).
  « Déjouez les pièges de fond et de la forme de votre communication. »
- *Aptimum. Connaître et optimiser ses aptitudes.* APSIS-EDI-LUDE (Le Vésinet, 1996).
  Des cartes permettent d'aborder l'établissement d'une grille d'analyse et d'un bilan personnel.
- *Les Tests. S'entraîner pour réussir*, H.-H. Siewert et R. Siewert (Éditions d'Organisation, Paris, 1999).
  Mais aussi pour s'habituer aux situations insolites.
- *La force des souvenirs.* Douglas Field (Revue pour la Science, septembre 2005)
  Un problème fondamental pour les sciences cognitives : le passage de la mémoire à court terme à la mémoire à long terme.

COMMENTAIRES
DES PARTICIPANTS

Participant S

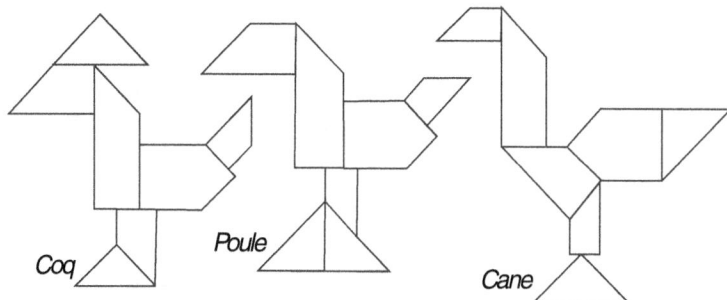

Coq

Poule

Cane

pattes trop petites par
rapport à l'ensemble

pattes trop grosses
par rapport à la tête

Participant H

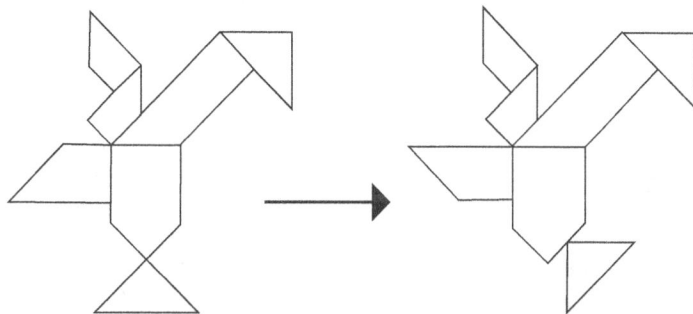

Canard qui atterrit
Bon

Renouveau de la communication

Participant D

Je pars de la forme « ovale » que j'ai vue quelque part pour faire un visage, une silhouette, c'est-à-dire ce qu'il y a de plus expressif dans un personnage.

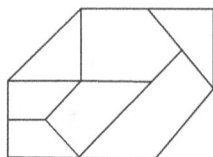

Pour un visage, il faut que je mette des trous.

Le diable ?

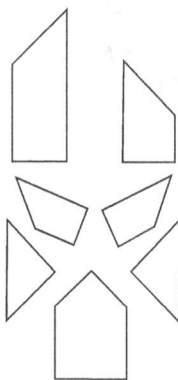

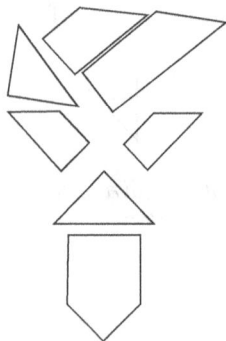

Autre essai : un problème, la langue. Pour moi le para crie un ordre. Pour les autres participants, il tire la langue.
Le para – Bigeard ? Comme c'est Bigeard ! J'aime.

Communication de groupe

Titre

Une consultation sur Internet.

But

Trouver des renseignements sur les jeux de communication.

Méthode

Utiliser le réseau Internet et les moteurs de recherche.

Durée

1 heure.

Participants

Travail individuel et/ou en équipe.

Idées *(Voir également fiche n° 69)*

- Une opération « classique » sur un outil « moderne », voire à la mode.
- Une pérégrination laborieuse : un jeu de piste épineux.
- Des sites peu sûrs ou qui se volatilisent. Au moins au British Museum peut-on retrouver le jeu royal d'Ur, vieux de 2 600 ans (mais défense de toucher !).

Évaluation

- Précautions à prendre : par exemple les critères. « Jeux et communication » ? → le désert. « Jeu(x) puis communication » → la forêt. Mieux : « Jeux ».
- Résultats : 100 tirages papier d'informations introuvables par d'autres moyens, pour un temps et une dépense modiques. Ex. : Kompetenz-Network-Management Games
  e-mail *info@management-games.com*
- http://www.management-games.com/CNMGInfo.htm
- Décryptage : comprendre l'allemand et l'anglais, les sigles, l'information sous-jacente (dans les Management Games – jeux d'entreprise – il est sûrement question de communication).
- Compléments : bandeaux électroniques, résumés ne suffisent pas ; il faut les documents eux-mêmes – les parcourir (comme dans les librairies), les acheter et s'en servir !
- Interrogations : dans quelle mesure les informations auront-

Renouveau de la communication

elles un impact sur le lecteur, l'auteur, le créateur d'événements ?

* Présentation : parfois illisible, rarement esthétique.
* Commentaires : aux abonnés absents. Cela n'est pas particulier au réseau ; les journaux dits spécialisés ne sont pas plus loquaces. Restent les catalogues et le bouche-à-oreille – au siècle de l'électronique !

Référence

* *Je me connecte et j'exploite Internet*, Brian Cooper (Osman Eyrolles multimédias, Paris, 2000).
  « Spécialistes s'abstenir » mais parfait pour les profanes. Y compris un glossaire.
* L'expérience des uns et des autres.
* Management multiculturel global sur Internet (Centre de Recherche et d'Études des Chefs d'Entreprise, Jouy-en-Josas, 2000).

Reproduction partielle d'une page « Internet » ;
format original 210 x 297, en couleurs (bleu, blanc, rouge, violet, noir).

Communication de groupe

Titre

Mars, et au-delà.

But *(Voir également fiche n° 69)*

Insérer les grands projets contemporains dans la suite des ambitions historiques et les perspectives d'avenir.

Matériel

Les dossiers de la conquête spatiale et leurs supports médiatiques.

Méthode

Confrontation des informations et jugements de valeur.

Durée

Sans fin.

Participants

Nos contemporains et les autres.

Idées *(Voir également fiche n° 72)*

- La réalisation des projets Mars et similaires exigent des moyens considérables en hommes et équipement – échecs compris : disparitions des engins Mars Climate Orbiter et Mars Polar Lander en 1999.
- Des idées, des réalisations, des événements se cumulent.
- À quoi sert d'aller sur Mars, diraient certains. Cela compense-t-il nos insuccès politiques, économiques, sociaux ?
- La forme de l'évolution (du progrès ?) : spirale, sinusoïde, droite ? Tout à la fois ou le pire chaos ?

Évaluation

- Comparer les jeux vidéo virtuels (infantiles, limités au type guerre des étoiles) à la télécommande du robot à des millions de kilomètres, en 1997 : un jeu grandeur nature.
- Il peut être fatigant de participer à une aventure qui n'a pas de fin.
- Philosophie, religion, science... jeux de l'esprit ?

Renouveau de la communication

Référence

- *Le futur selon Kubrick*, Pierre Bizony (Cahiers du cinéma, Paris, 2001).
  Genèse du film « 2001, Odyssée de l'espace » de Stanley Kubrick d'après « La Sentinelle » d'Arthur C. Clarke.
- L'exploration de Mars – mission Pathfinder en 1997 et les deux missions prévues pour juin 2004 (histoire à suivre...).
- Revue *L'Ordinateur individuel* (n° 121, Paris, octobre 2000). Site www.01net.com
  - Un catalogue de l'actualité. Depuis « Étonnez-vous avec Internet », « Les Simulateurs de vol : de très haut niveau » jusqu'à « Des logiciels pour enfants de 12 mois : est-ce bien raisonnable ? »
  - À comparer avec les activités professionnelles : « Bourse en ligne : soyez plus malin que votre banquier ». Est-ce si difficile ?
- Copilot, version 2.5 (an 2000) (ALSYD pour PC)
  Un logiciel de planification de vol, un des meilleurs, en date. N'égale pas les simulations professionnelles – et à défaut de piloter son avion personnel.
- La communication dans les cellules, John Scott et Tony Pawson (Revue pour la Science, Paris, août 2000).
  « En apprenant le langage qu'utilisent les cellules pour communiquer entre elles ou avec leur « ouvriers » internes, nous écouterons leurs dialogues et interviendrons lorsque les communications seront pertubées. »

Communication de groupe

Titre

Rétroaction.

But

Mettre en relief l'intérêt pour l'émetteur d'assurer la rétroaction de son message.

Matériel

Plusieurs jeux de Créatec (puzzle de 7 pièces). Voir la couverture, *in fine*.

Méthode *(Voir également fiches n° 38, n° 58)*

- L'animateur (l'émetteur) demande aux participants (les récepteurs) de réaliser, par exemple, un personnage assis, en se servant du puzzle.
- Les récepteurs présentent les personnages qu'ils ont inventés (penseur, buveur, Chinois lisant le *Petit Livre rouge*...)
- L'émetteur adopte un des personnages réalisés (Chinois) comme étant meilleur que l'image plus ou moins précise qu'il avait initialement à l'esprit.
  Éventuellement, il améliore l'image retenue (le Chinois devient un paysan somnolant sous un arbre).

Durée

30 minutes.

Participants

De 2 à 8.

Idées

- La rétroaction est un moyen d'améliorer le message initial.
- L'émetteur (animateur, directeur...) peut apprendre au contact des récepteurs (participants, subordonnés...).

Analogie

Réunion de conception de nouveaux produits.
De la planification autoritaire à la planification concertée.

Évaluation

Les grands projets exigent, à la base, des opérations mentales élémentaires qui évitent des erreurs fondamentales.

Référence

- École supérieure de publicité, Paris.
- Formation de formateurs.
- La planification intercommunale des schémas directeurs (École nationale des Ponts et Chaussées, Paris, cycle 1995).

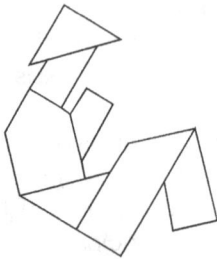

*Chinois lisant
le* Petit Livre rouge

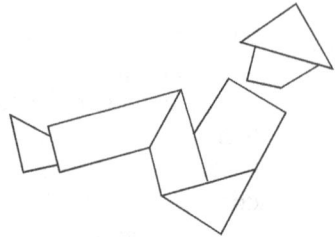

*Paysan somnolant
sous un arbre*

Communication de groupe

Titre

La méthode TILT.

But

Étudier comment on utilise ou non les idées d'autrui.

Matériel

Plusieurs jeux de Créatec (puzzle de 7 pièces). Voir la couverture, *in fine*.

Méthode *(Voir également fiches n° 35, n° 38)*

1) On demande à un groupe de réaliser une figure déterminée (oiseau, personnage, objet...) à l'aide du puzzle.
2) Chaque sous-groupe présente sa création.
3) On demande à chaque sous-groupe de s'inspirer de l'œuvre des autres pour améliorer sa propre création.
4) On analyse dans quelle mesure le point 3 a été respecté.

Durée

2 heures.

Participants

12 à 16 divisés en sous-groupes de 4 personnes ayant chacune un puzzle.

Idées

- La difficulté de savoir tirer parti de l'expérience d'autrui.
- Les mécanismes mis en jeux : à quel moment une idée étrangère fait « tilt » et déclenche de nouvelles idées et de nouvelles réalisations.

Analogie

Travail d'équipe.
Groupes de conception de nouveaux produits.
Le puits sans fond des relations humaines.

Évaluation

L'occasion d'étudier son propre mode de traitement intellectuel de l'information.

Renouveau de la communication

Référence

- *L'Intelligence des autres. Rétablir l'homme au centre de la communication des entreprises*, Pierre Labasse (Dunod, Paris, 1994).
- *Le Réseau, instrument de management et de progrès* (Groupe de recherche – CNOF, Paris, 1995).
- *Magnaef*, 1989 (NAEF. AG. Spielzeug CH 43 41 Zeiningen) Un stylo magnétique fait passer des billes d'un réseau caché à un réseau visible.
- *Le Secret des pavages*, Raoul Raba (Éditions du Moulin – Collection Sciences et Images, Paris, 1991). Un bon exemple de la relation entre mathématique et fantaisie, théorie et pratique.
- *Le Globe terrestre à construire (puzzle)*, Raoul Raba et Francis Dupuis.
  Non sans analogie avec les polyèdres de Platon.
- *Zoo mathématique*, Raoul Raba (A.C.L., les Éditions du Kangourou, Paris, 1998).
  D'étonnants dessins à l'ordinateur. Le lecteur est invité à participer.
- Salon des jeux mathématiques et de la culture mathématique (place Saint-Sulpice, Paris, 3, 4, 5, 6 juin 2004).
- Simulation de la création de l'Univers (Congrès scientifique, Chamonix).
  Projection avec compteur affiché :
  – 15 minutes pour 15 milliards d'années
  – 1 minute pour 1 milliard d'années
  Le choc en retour : nous n'avons pas le temps de naître que nous ne sommes déjà plus.

Communication de groupe

Titre

Remue-méninges.

But

Étudier comment l'information circule dans un groupe.

Matériel

Plusieurs jeux de Créatec (puzzle de 7 pièces). Voir la couverture, *in fine*.

Méthode *(Voir également fiches n° 13, n° 33, n° 58)*

1) On demande à un groupe de réaliser un personnage à l'aide du puzzle et de noter les difficultés rencontrées.
2) Chaque sous-groupe présente sa meilleure création et expose les conditions de cette réalisation.
3) On demande à chaque sous-groupe de s'inspirer éventuellement de l'exemple des autres pour améliorer les créations.
4) Chaque sous-groupe présente une nouvelle création.
5) Les participants votent (figure N : 10 voix, figure B : 8 voix...) et justifient leur vote.

Durée

3 heures.

Participants

12 ou 16 divisés en sous-groupes de 4 ayant chacun un puzzle.

Idées

* Élucidation des problèmes de communication vécus par le groupe.
* Exposé ou rappel des problèmes généraux de communication.

Analogie

Ce jeu est un modèle réduit de la communication dans l'entreprise.

Évaluation

Fatigant et passionnant. À présenter en début et en fin de session.

Des goûts et des couleurs ?
- Une majorité se dégage néanmoins en faveur de la meilleure image N.
- Les créateurs des images A, B, C ne votent pas nécessairement pour les images A, B, C...

Référence

- Université de Technologie de Compiègne (formation des ingénieurs-docteurs).
- Les 5 sens : voies nouvelles pour la formation et l'enseignement. Colloque et dossier.
  (Association des Formateurs en Expression et Communication, Bobigny, 1989).
  Lire, écrire, compter et dessiner. Mais aussi parler, écouter, toucher, goûter, sentir.
- *Dynamisez vos réunions. Les nouvelles technologies interactives*, Jean-Pierre Fargette (Éditions d'Organisation, Paris, 1997).
- *Le théâtre d'entreprise*, Béatrice Aragon-Dournon (Eyrolles, Paris, 1998).
  « Le monde entier est une scène
  Et tous, hommes et femmes, simplement des acteurs. »

Shakespeare

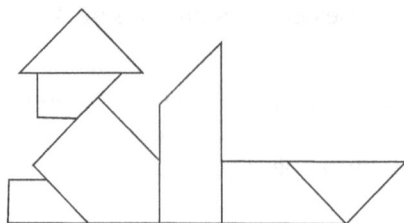

*Un « modèle » final
Femme sur la plage*

Communication de groupe

Titre

L'avenir des présents du passé.

But

Percevoir les liens entre le présent, le passé, le futur.

Matériel

Un bijou en émail en forme d'épinglette (pin's) de 3 × 1,5 cm.

Qu'est-ce ?

Méthode

- S'interroger.
  Que représente cet objet curieux, insolite ? Réponse page 203.
- Trouver une méthode de réflexion, un schéma, qui permette de dépasser nos repères habituels.
- Indices : 1) Bijou créé pour un musée. 2) Caractère ludique. 3) Dimension de l'objet représenté : 30 × 15 cm.

Durée

Au choix car la recherche est ardue et il y a risque d'abandon.

Renouveau de la communication

Participants

Au choix. « Travail » collectif ou bien individuel.

Idées *(Voir fiche n° 64)*

- Dans la tradition des cabinets de curiosités et des jeux télévisuels en Europe et ailleurs.
- Expression d'un jeu de piste reliant le présent, le passé, l'avenir.
- Contrairement à cette nécessité, ignorance du passé, insouciance du futur. Doit-on s'étonner que le présent soit mal traité ?
  Les historiens se limitent à leur tranche d'histoire.
  Les économistes, financiers, entrepreneurs, politiciens ont une gestion à très court terme (après nous le déluge !).
- Vivre le passé, le présent, l'avenir : 3 vies cumulées.

Analogie

- Le jeu royal d'Ur (2600 avant J.-C. Au British Museum), le plus ancien jeu connu. Il existe une version actuelle, conforme à l'original (mais il y a 200 000 ans les hommes jouaient déjà).
- Le stomachion d'Archimède, ancêtre des casse-tête et puzzles (dont le Créatec). Il a ainsi survécu à la chute de l'Empire romain et toutes les révolutions.

Évaluation

- Une course aux trésors (nombreux), avantages, difficultés, inconvénients compris.
- Des occasions pour l'innovation, la création.

Référence

- Objets inanimés avez-vous donc une âme ? (Lamartine)
  Gilbert Béville (Auteurs et Associés, Saint-Cloud, 1997). Simple question ?
- Jouer dans l'Antiquité. Musée d'Archéologie méditerranéen. (Réunion des Musées nationaux. Marseille, novembre 1991) « Le jeu était omniprésent. Il plongeait ses ramifications dans le culte funéraire, la philosophie de Platon, les dictons de Cicéron, les interdits de l'Église chrétienne primitive ».
- *L'Énigme du cimetière d'Ur*, George Roux (Éditions L'Histoire. Revue Les collections de l'histoire n° 22, L'Orient ancien, Paris, janvier 2004.)
  Page 22 reproduction du jeu en coquillage, os et lapis-lazuli.

- *TAÏPEI, mémoires d'Empire.*
(Catalogue de l'exposition Trésors du Musée national du palais de Taïpeh, Grand Palais, Paris, janvier 1999.) Notamment un coffret de santal – un duobage – musée portatif, raccourci de 5 000 ans de civilisation chinoise en 47 objets. De valeur exceptionnelle.

- *Naturalia et mirabolia. Les cabinets de curiosités en Europe.* Adalgisa Lugli. (Société Nouvelle Adam Biro. Paris, 1998.)
« Tomber amoureux du monde. Studiolo, oratoire, laboratoire. Logique fantastique. »

- *Philosophie des milieux techniques*, Jean-Claude Beaune. Éditions Champ Vallon, Paris, 1999. Le travail, les outils, les machines.

- Les objets inanimés (journal *Libération*, Paris, décembre 1999).
« Quarante-quatre objets qui reflètent les grands événements politiques et sociétaux du siècle aussi bien culturels et scientifiques. Ils sont une manière de raconter l'époque – la vie matérielle – mais aussi ils constituent les emblèmes. »

RÉPONSE

Il s'agit d'une épinglette créée par Hélène Blanc à l'occasion d'une exposition à Marseille en 1991. Elle représente le « Jeu des 20 cases », probablement égyptien, vers 177 avant J.-C. (illustration page 150 du livre de l'exposition « Jouer dans l'Antiquité »). Un exemplaire des 20 cases se trouve au Musée du Louvre à Paris (n° 254).

HELENE BLANC
SERVICE EDITION

DIRECTION DES MUSEES
CENTRE DE LA VIEILLE CHARITE
2, RUE DE LA CHARITE - 13002 MARSEILLE
TEL. 91.56.28.38. FAX 91.90.63.07

Renouveau de la communication

Communication de groupe

Titre

Amusons-nous, nous aurons des idées.

But

Réfléchir à la recherche et au développement de programmes personnels à propos du lude.

Matériel

Des objets – et des hommes.

Méthode *(Voir fiches n° 63, n° 64, n° 65)*

Établir un plan d'étude sur les thèmes : Jeux de formation. Mémoires ludiques. Le bonheur en jeux.

Durée

Dans un mois, dans un an...

Participants

Vous et moi, tout le monde.

Idées

– Amusons-nous.

Nous ne pouvons pas vivre éternellement en déplaisir, le couteau sur la gorge et l'épée de Damoclès au-dessus de la tête (à ce sujet qui était Damoclès ?).

- Dans les entreprises, le personnel vendu avec la firme, ou pire le personnel remercié sans remerciements.
- Dans les finances, la politique intérieure, extérieure de crises en crises, des États mal soutenus par leurs citoyens, exploités par eux, incapables de se défendre ou d'assurer l'ordre mais parfaitement capables de semer le désordre.
- À l'École (schola = lude !) où le plaisir ne sert souvent qu'à dorer la pilule.
- En somme, dans un monde de bruits et de fureurs, découvrons le bonheur de jouer.

– Nous aurons des idées.

Les situations ludiques, concrètes, chaque fois nouvelles, originales, poussent à réfléchir, décider, agir :

Avant : le joueur est obligé de s'impliquer, d'élaborer des méthodes, des stratégies.

Pendant : délai 1 seconde, 1 heure.

Après : nous sommes incités à rechercher une explication à nos échecs, à nos succès – sinon à accepter de perdre.

Derrière la frivolité, les limites des jeux de société, trouvons les idées fondamentales nécessaires à notre vie quotidienne : d'où venons-nous, où allons-nous ? Un vrai jeu de parcours.

Analogie

* Avoir des idées n'est pas le privilège du lude. Il peut en être de même pour tout travail, toute activité. S'amuser ajoute du piment.
* L'idée spontanée – l'étincelle – existe.
* Les idées certes. Mais ne pas oublier les décisions, les résultats ; ainsi mesurer l'impact des décisions sur la performance de l'entreprise.

Évaluation

Conditions objectives

* Tout est jeu. Il suffit d'un élément – liberté, règle, efficacité, plaisir – pour que naisse le jeu.
* Rien n'est jeu. Il suffit de l'absence d'un élément pour que disparaisse le jeu.

Conditions subjectives

Il suffit, par exemple, que, selon l'expression des Anciens, les « mauvaises humeurs » soient là pour que s'effondrent tous les beaux discours.

Référence

* *L'Éclosion des pensées*, Raphaël Lévêque.
(Publications de la faculté des lettres, Strasbourg, 1938.)
* *Jaillissement de l'esprit. Ordinateurs et apprentissage*, Seymour Papert (Flammarion, Paris, 1981).
Illusions et désillusions ? À comparer aux théories cognitives contemporaines.
* *Instantanés des Cyclades*, Alain Blanc (Henri Renoux calligraphe) (Voix d'encre, Paris, 1995). Voir page suivante.

Renouveau de la communication

Renouveau de la communication

ILES D'UN OCRE MASSIF
EXACTEMENT LA
COMME AUX ORIGINES

Νησιά από πυχνή ώχρα
exeí ακριβώς
όπως στην αρχή

La calligraphie : jouer avec les lettres, une idée artistique, ancienne et universelle, d'exécution difficile.
Poésie en grec et français, en parallèle.
Splendide.

* L'art schématique : l'idée pure et simple.
  Inspirée du schéma, tracée en une seconde : une ligne rouge sur fond noir = l'oiseau de feu. Une idée, un plaisir, un jeu.
  Voir « Jeux de Formation » Gilbert Béville, Éditions d'Organisation, Paris, 1986, page 161 « Nuits de Rouen ».

  Un rectangle blanc : nuits blanches de Saint-Pétersbourg.
  Un rectangle noir : nuits noires de Dakar.
  Également : Images à méditer (Librairie Maloine, Paris, 1977).
  La vague : un mouvement blanc sur fond bleu (page 93).

Renouveau de la communication

Renouveau de la communication

Communication de groupe

Titre

Les jeux en formation.

But

Étudier les jeux dans la formation et les jeux en voie de formation.

Matériel

Morceaux choisis, exemples significatifs.

Méthode

* Recherche systématique dans les « antres » de formation, les salons professionnels, les expositions.
* Hasard des rencontres.

Durée

Sans fin donc au choix.

Participants

Avec le concours des spécialistes et des néophytes – adultes confirmés ou bien enfants.

Idées *(Voir également fiche n° 65)*

– Dans la formation actuelle : les jeux.

* Les jeux informatiques servent incontestablement à promouvoir les connaissances... informatiques. Des échecs aux mathématiques, ils offrent des occasions de tester machines, logiciels et personnels.
* Mais :

1) Quelles aptitudes développent-ils ?

2) Quels sont les métiers (les activités) qui requièrent ces aptitudes ?

3) Quelles sont les personnes qui possèdent les aptitudes en question ?

Faute de réponses claires et précises des sciences cognitives, neurobiologiques et autres, soyons contents d'accumuler des atouts pour faire face à des situations même hypothétiques.

– En cours de formation, c'est-à-dire d'avenir.

• Les jeux naturels, spontanés, de la vie quotidienne, privée ou professionnelle.

La conquête de l'espace ouvre la voie dans ce domaine. Satellites et robots. Simulation pour la préparation. Réalité dans l'exécution. L'exploration de Mars, en février 1997, est un jeu grandeur nature réel et non virtuel. Un modèle à adopter et adapter pour affronter les grands problèmes de société.

• Les jeux scientifiques parties intégrales de la physique, de la chimie, de la biologie : la communication entre les cellules, le jeu de la vie.

Et depuis longtemps les savants ont reconnu le lude comme moteur de recherche. « Relativité et Univers » ni plus ni moins. Donner à voir et à comprendre : « Science et futur ». Bien, très bien. En tout cas, un bel avenir pour des multimédias de ce type.

• Les opérations militaires. Un jeu de la guerre – un Kriegspiel réaliste – appliqué à la sécurité intérieure et extérieure.

• Les jeux économiques

Un exemple. La coopération est à la base de l'entreprise : un jeu à somme positive : tout le monde gagne (en principe). Elle s'oppose ou s'opposera, espérons-le, aux jeux à somme nulle (les uns gagnent ce que les autres perdent) ou négative (tout le monde perd ou gagne si peu). Un obstacle de taille : les doctrines officielles actuellement sont en sens inverse : somme négative.

• Les romans, imaginaires – mais virtuels donc possibles.

Par définition, fictions, science-fictions, certains romans sont paradoxalement très proches de la réalité, plus que de nombreux essais théoriques, et plus agréablement. Une mine d'or pour les ludologues. À compléter par l'analyse des romans sur le jeu et les joueurs. Ainsi, « Le joueur d'échecs » de Stefan Zweig.

Renouveau de la communication

Analogie

* À Las Vegas, à l'occasion d'un congrès informatique, le directeur d'un casino interroge un informaticien : « Comment se fait-il que nos machines à sous ne vous attirent pas ? » « Pour nous amuser, nous avons les nôtres. »

* « J'espère que l'héritage que je laisserai aux échecs sera d'avoir aidé ce jeu à pénétrer dans les programmes scolaires. Les échecs aident les enfants à améliorer leurs résultats : ils développent les qualités de logique, l'autodiscipline, le sens des responsabilités, la créativité. » Garry Kasparov (1993).

Évaluation

Il est légitime d'aborder, de plus en plus, les situations réelles complexes. C'est une tâche hasardeuse quand on connaît déjà nos difficultés à lancer, correctement, une balle au-dessus d'un filet.

Heureusement, nous avons des règles et des méthodes pour mieux résoudre les problèmes, au fur et à mesure.

Référence

* *America* (Micro Application pour PC, Paris, 2001).
  De la conquête de l'Ouest aux jeux des cow-boys et des Indiens. À méditer. Voir Fiche n° 72 Mémoires ludiques.

* *Les équations de l'altruisme*, Henri Poirier (Revue Science et Vie, Paris, mai 2001).
  Le jeu logique de l'épinoche : l'altruisme (jusqu'au sacrifice) existe. Est-ce "moderne" ou "vieux jeu" ?

* *Coopération, compétition et représentations sociales*, Jean-Claude Abric (Delval, Fribourg, Suisse, 1987).

* *La Coopération technique en pratique*, François Pacquement (Éditions d'Organisation, Paris, 1996).

* *Jeux mathématiques et mathématiques des jeux*, Jean-Paul Delaye (Bibliothèque pour la Science, Paris, 1998). Page 9, le jeu agité de la coopération. Mais il n'y a pas dilemme – s'associer ou se combattre. Une règle supérieure exige la coopération.

Communication de groupe

Titre

Mémoires ludiques.

But

Au-delà de la sauvegarde et de l'actualisation du passé : la pérennité.

Matériel

Documents évanouis et retrouvés, en voie de disparition, difficiles d'accès.

Méthode

* Consultation de catalogues.
* Recherche d'objets, de machines d'époque, d'événements accomplis.
* Exploration des souvenirs vécus, des livres cachés au fond d'une bibliothèque ou, pire, des informations perdues dans la « mémoire » des ordinateurs.

Durée

Selon les possibilités.

Participants

Les disparus, les anciens, les jeunes (futurs oubliés).

Idées *(Voir également fiche n° 69)*

* Une source de joies inattendues.
* Une nécessité quotidiennement méconnue : ignorance du passé, indifférence de l'avenir, polarisation sur l'immédiat conduisant à une absence de repères : l'actualité devient vite du passé.
* « Nous sommes à un tournant de notre histoire » depuis belle lurette !

Analogie *(Voir dessin ci-après)*

* La spirale. En termes simplifiés : un mouvement en avant qui annonce un mouvement arrière qui précède un mouvement avant, un progrès grâce à un recul.
* L'axe, les points 1, 2, 3, à la fois constance et changement, « l'esprit » de la spirale : les bornes signalétiques.

- Les symboles. Spirale et axe : des images rectifiées de l'éternel retour (non pas un cercle) et des tournants historiques (à tout moment). D'autres formes sont possibles y compris le point fixe, la fuite en avant, les régressions définitives, le chaos dans tous les sens.

Évaluation

- Pas d'avenir sans mémoire. Un grand jeu en perspective.
- Avec quelques difficultés.

Ainsi, le développement à toute allure de nouvelles technologies nous « ouvre des impasses » : l'obsolescence continue des matériels et des programmes rend inutilisable les produits de la veille. Ce n'est pas nouveau : écouter un 78 tours est pratiquement impossible depuis longtemps.

Référence

- « Propositiones ad acuendos juvenes Alcuinus » in *Patrologiae cursus completus Patres latini*, sans traduction en français, J.-P. Migne, Petit-Montrouge, 1851).

Alcuin, conseiller de Charlemagne, écrivit vers l'an 800 « Ad acuendos » (Pour développer l'esprit des jeunes gens) « aphorismes confortés par des exemples et des vers ainsi que des formules de finesse arithmétique qui sont sources de joie » destinés en réalité à Charlemagne et aux seigneurs de la cour – la fameuse École du Palais. Il est étonnant qu'après un millénaire, il soit nécessaire de faire de la publicité pour les jeux de formation. Il est vrai qu'en nos périodes de crise, il y a pénurie d'Alcuin et de Charlemagne.

- *Manuscrits de la mer Morte*, 70 après J.-C. (Boutique des Trésors des Musées du monde, Roubaix, 1999).

Réplique de la jarre et traduction de l'un des manuscrits qui le contenait.

L'avantage des écrits : on peut encore les déchiffrer des siècles plus tard.

- *Loisirs et Internet*, livre + CD-Rom, Thierry Crouzet (Microsoft Press, Les Ulis, 1998).

« Pour le ludique, Internet devient le terrain de jeu et le par-

tenaire incontournable. Il offre une expérience nouvelle, il invente une nouvelle civilisation. » (!)
Alors dépêchons-nous d'en profiter avant que les sites ne s'effondrent.

● *Livres badins, érudits, curieux*, Pierre Berès, Paris, 1994. De plus, des commentaires qui manquent souvent dans les bibliographies.
Précieux. Voir également les autres catalogues de l'éditeur.

● *Le Monde des jeux*, Jack Botermans et divers (Chêne, Paris, 1987). Très bel ouvrage.
« Les jeux constituent l'une des rares activités humaines qui réussisse à transcender les monumentales barrières sociales, culturelles, linguistiques, politiques et géographiques... Ils reflètent l'histoire, le folklore et les traditions. »

● *Jeux du monde*, Frédéric V. Grunfeld (UNICEF – Éditions LIED, Genève, 1979).
... et comment les construire : bonne idée. À partir des réflexions mathématiques de Pascal, au lieu de légères toupies basculantes, fabriquons une lourde toupie en bois exotique rare (bubinga), avec lanceur. Pièce unique réalisée par un tourneur d'art. (Pierre Narcy).

● ZIGOM. Salon international de la création d'humour (Grenoble, 1988). Premier et dernier salon. Signe des temps ?

● *La science nouvelle* (1744), Giambattista Vico (Fayard, Paris, 2001).

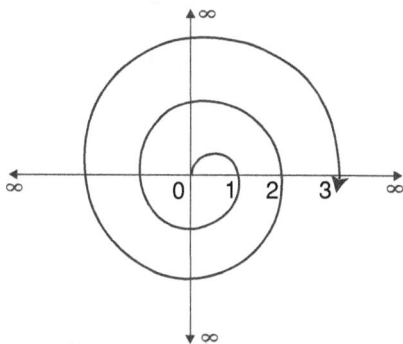

La spirale. Un éternel retour ?

Communication de groupe

Titre

Théâtre de livres.

But

Voir l'innovation artistique à partir d'une forme traditionnelle : le livre.

Matériel

- Les objets et le catalogue avec les intentions des créateurs-organisateurs.

Méthode

- Parcourir une exposition contemporaine remarquable.
- Comparer avec d'autres expositions.

Durée

2 heures. Visite à renouveler.

Participants

Grand public et public spécialisé.

Idées

- « J'ai désiré, avec cette exposition, ouvrir au grand public le domaine ludique trop souvent confidentiel de la bibliophilie, et cela dans une mise en scène. »
  « Une reliure se doit de parachever un livre en procurant, aux mots qu'il contient, un supplément d'âme. » Florence Boré
- Associer les univers de la reliure des textes anciens et modernes, célèbres ou non, dans des décors originaux et des photographies insolites qui prolongent l'ensemble.

Analogie

- Métamorphoses du livre d'artiste, livre objet, livre unique (Bibliothèque Forney, Paris, janvier-avril 2004).

Évaluation

Lorsque l'art sait concilier passé, présent, futur.

Référence

- Exposition « Théâtre de livres », Florence Boré. (Bibliothèque historique de la ville de Paris, janvier 2004.)

Communication de groupe

Titre

La vie simple.

But

Expérience de communication silencieuse.

Matériel

- Supports magnétiques, jeu de pièces métalliques dans le désordre (notamment le CREATEC).
- Images de lettres ou de chiffres à reproduire avec les pièces dont disposent les participants.

Méthode

- Communication animateur → participants : uniquement par images et gestes.
- Communication participants ⇄ participants par images-gestes. Les paroles sont admises (à l'initiative des participants).

Durée

30 minutes.

Participants

Mixtes, d'origine française, anglaise, espagnole, allemande...
On peut prévoir une réunion purement française
Répartition en groupes de 4 × 4 = 16 personnes.

Idées

- Possibilité (et difficulté) de la communication silencieuse – qui n'empêche pas les rires.
- Situation insolite avec improvisation. Rares sont ceux qui connaissent le langage des signes.

Analogie

- Les communications inter-culturelles : un langage de sourds.
- Les échanges à distancer avec des obstacles matériels y compris les pannes des instruments.

Évaluation

1° Soit expérience purement ludique, quitte pour chaque participant à en tirer les conclusions qu'il veut.

2° Soit après l'expérience, évaluation orale ou écrite de la réunion.

3° Silence des espaces infinis. Même si on ne les entend pas les sons existent.

Référence

* Congrès d'architectes internationaux à Paris.

Chaque architecte avait pour « mission » d'exprimer à l'aide des pièces son projet architectural. Le projet était individuel ou collectif ; une note se faisait sur le projet le plus clair et le plus intéressant. Celui du « gagnant » : une maison de campagne, titre : La vie simple. Une autre idée – le jour de la Saint-Valentin – une chaumière et un cœur en guise de soleil.

* *Scènes de silence*, André Heineeke (Cité des sciences et de l'industrie, Paris, décembre 2003-mars 2004).

Différentes situations de communication non verbale au cours d'un parcours (jeux de mains, de signes, expressions du visage et attitudes corporelles...).

Il existe un dossier de presse.

Communication de groupe

Titre

Le bonheur en jeux.

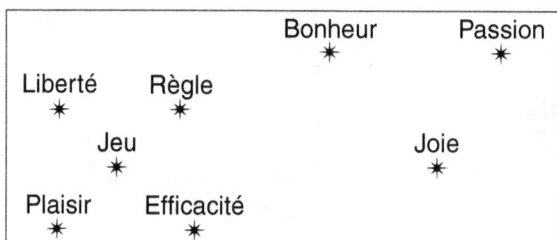

La constellation du bonheur (carte à compléter)

But

Être bon joueur. Être beau joueur.

Matériel

- Faire feu de tout bois en tous lieux, en tous temps (neige et vent compris).
- Utiliser les 5 sens et les autres.

Méthode

- Se mouvoir dans la constellation du bonheur (+ gaieté, enthousiasme, bonne humeur, humour, émerveillement, rêve, beauté).
- Philosophie du bon joueur :
  « Je ferai encore mieux la prochaine fois. » « Nous avons bien joué. Nos adversaires aussi. Nous avons fait une bonne partie. »
- Philosophie du beau joueur :
  « Nous avons perdu mais nous nous sommes bien amusés. » « Je n'ai pas eu de chance, c'est le hasard, c'est la vie. » « La Terre ne tourne pas rond, mais elle tourne ! »
- Philosophie du mauvais joueur :
  « C'est la faute des autres. » « Je n'aime pas perdre. » « Je n'aime pas jouer. » « Rien ne va plus. Terminé ! » « À quoi bon ! »

Participants

Un, deux, trois, quatre... toute l'aimable société.

Idées

- Transformer les situations pénibles en situations plaisantes.
- Le savoir(-)vivre – et mourir des épicuriens et stoïciens.
- Et le sens de l'humour noir. « Je me repose en vous attendant. » Et bientôt, *Éternellement vôtre*, 700 nouvelles épitaphes, Philippe Heracles (Éditions Le Cherche Midi, Paris, 2003).

Analogie

- Bravos : « Jouer du piano, quelle horreur ! Jouer au piano, c'est plus sérieux. Tout est fondé sur le plaisir. La salle de concert est une salle de jeux. » Samson François (Revue *Télérama*, Paris 21 avril 1999).
- Orchestrer une équipe – Stage (Centre de Recherches et d'études des chefs d'entreprise, Jouy-en-Josas, 2000).
  Être chef d'orchestre, joueur, auditeur tour à tour.
- Illusions : « L'entreprise de l'an 2000 ne ressemblera en rien à l'entreprise de 1999. » Il est vrai que l'on peut toujours rêver.
- Tricherie : « La règle n'est pas respectée parfois même par l'auteur de la règle. » Jurisprudence.

Évaluation

- Nous sommes tous ni bons joueurs ni beaux joueurs.
- Si l'on peut rencontrer le bonheur dans les situations extrêmes à plus forte raison dans les cas ordinaires (vie quotidienne privée et professionnelle).

Référence

- *Le Jeu*, Alan Wykes (Librairie Tallandier, Paris, 1965).
  À lire notamment pour les chapitres consacrés aux joueurs.
- *Le Joueur. Le manager d'aujourd'hui*, Michael Maccoby (InterEditions, Paris, 1980).
  Une vue optimiste de l'entreprise « moderne » et de son chef.
- *Michelin, 100 ans d'aventures*, Herbert Lottman (Flammarion, Paris, 1998).
  Vaut le détour. Les guides Michelin rouges, et verts – le plaisir de vivre, des mondes et des merveilles.
- Croisière de l'an 2000. De Strasbourg à Cologne (K.D. 30 décembre 1999-2 janvier 2000, Paris).

- *La Vie est belle*. Film. Roberto Benigni (Festival de Cannes, 1998).

  « La vie est belle en un sens absolu qu'il convient de mettre à l'épreuve dans la plus extrême des situations : un camp de la mort dont tous les membres, déportés et soldats, sont les participants d'un jeu. Premier prix : un char d'assaut. »

- Diamants. Exposition (Muséum national d'histoire naturelle) (Revue Connaissance des Arts. Hors série n° 162. Paris, mars-juillet 2001).

  Nature et travail. Beauté brute et dans tous ses éclats. Des merveilles mondiales, une première et, sans doute, unique fois rassemblées.

- Salon Mondial des Directions des Ressources humaines (Prospectus, mai 2000, Paris).

  « Ce congrès sera un moment de rencontres uniques entre tous ceux qui contribuent à l'épanouissement de l'homme au travail. » Plût au ciel !

- *Le plaisir de travailler*, M. Thévenet (Éditions d'Organisation, Paris, 2000).

- *Pour une histoire de traités de savoir-vivre en Europe*. Sous la direction d'Alain Montando (Université Blaise-Pascal. Faculté des lettres, Clermont-Ferrand, 1994).

- *Bibliographie des traités de savoir-vivre en Europe du Moyen Âge à nos jours*. Tomes 1 et 2 (1995).

  « Analyse des représentations de la communication à travers les traités de savoir-vivre...

  Tous ces écrits qui définissent des idéaux de comportement, des règles d'interaction sociales, constituent une part non négligeable de la conscience européenne. »

- *Oser travailler heureux. Entre prendre et donner*, Jacques Salomé et Christian Potié (Albin Michel, Paris, 2000).

  Un livre de savoir vivre.

- *Avec les yeux de l'amour + Jeu de cartes*, Raymond Peynet (Denoël, Paris, 1966).

  « Les amoureux ne savent plus aujourd'hui si ce sont eux qui ont inventé Peynet ou si c'est Peynet qui les a inventés. » « En dédaignant les impératifs de la mode et les frontières de l'actualité ils se révèlent donc pour l'éternité. »

Anamorphose[1]

Que voyez-vous ? *(réponse page suivante)*

Changer son regard
Voir au-delà des apparences

Renouveau de la communication

Anamorphose$_2$

- *Anamorphoses* (Catalogue du musée des Arts décoratifs, Paris, février 1976).
- Anamorphoses d'aujourd'hui (Galerie Area, Paris, juin 1993).
- Jeu de cartes. Dessiné par Pinozac. Imprimé par Paul Grimaud (Ets J.-M. Simon France Cartes, 1993).
- Anamorphose d'Erhard Schön (1535). À côté de l'anecdote – des villes, des paysans, des animaux – l'Histoire dirigée par Charles Quint, Ferdinand Ier, le pape Paul III et François Ier (in *Anamorphoses ou magie naturelle des effets merveilleux*, Jurgis Baltrusaïtis, Perrin, 1969).

* Sens de l'observation de l'anamorphose figurant au ras de la page précédente. De haut en bas.

Le puzzle de 7 pièces

Le stomachion ou loculus d'Archimède (287 av. J.-C.)
En ivoire. Introuvable dans le commerce, 14 éléments.
Référence : *Curiosités géométriques*, E. Fourney (Vuibert, Paris, 1938) et *Jeux de formation*, G. Béville (Éditions d'Organisation, Paris, 1986, p. 109).

Le To-Dong
En bois blanc. 2 triangles, 2 grands trapèzes, 2 petits trapèzes, 1 pentagone.

Le Théon
Semblable au To-Dong, mais plus grand.

Le Tangram
En plastique noir. 2 grands triangles, 1 triangle moyen, 1 petit triangle, 1 carré, 1 parallélogramme. Fourni avec un livre : Tangram, le vieux jeu de formes chinoises, Éditions du Chêne, Paris, 1974.

Le Diaphan-Plastic — Puzzle
Semblable au To-Dong mais en plastique et les pièces sont rouges, jaunes, vertes, bleues. Importé de Suisse. Très irrégulièrement disponible dans le commerce.

Le Créatec
Inspiré du stomachion d'Archimède. Mêmes formes que le To-Dong. Il se compose des éléments suivants :
1) Un contreplaqué de 10 x 10 cm.
2) Venant se fixer sur le contreplaqué une pièce de caoutchouc magnétique (genre Ferriflex) de 10 x 10 cm peinte en vert.
3) 7 pièces en émail sur cuivre, en couleur.
4) 7 morceaux de papier métallisé adhésif (genre Magnetoplast) se collant sur les pièces en émail.
Mêmes formes à découper en fin d'ouvrage.

Le puzzle élémentaire
On peut le fabriquer soi-même facilement en partant du modèle de la croix grecque (fiche n° 17) comme le Créatec, mais en carte de Lyon.

CONCLUSION

LE JEU AVEC L'INFINI

« Dans le cadre des accords de concertation, j'ai décidé... ».

Lapsus dans le message – dans le genre des « taureaux irlandais » ? :

• Il ne s'agit pas d'un accident de priorité puisque les voies de circulation se croisent sans se couper.

• Quand vous venez à l'improviste, prévenez !

• J'aurais pris des initiatives si j'en avais reçu l'ordre.

Ou lapsus révélateur d'une faute d'organisation, d'une volonté inconsciente de ne pas communiquer ?

Un directeur, dans la louable ambition de permettre à son personnel de mieux se connaître, organisa un voyage. Trois wagons furent réservés à cet effet. Comme par hasard, le directeur s'installa dans le wagon central entouré de son état-major, les autres personnes se répartissant naturellement – d'autant plus près du centre que l'on était plus gradé – ce qui n'était pas sans rappeler les cercles de *L'Enfer* de Dante Alighieri (la *Divine Comédie*, Chant V).

L'histoire ne dit pas si le déjeuner fut bon, mais il y a peu de chances que les communications aient été améliorées.

Dans ces conditions, « les simulacres et les discours se substituent aux fonctions et aux faits ». Au-delà du message, il faut donc réformer l'organisation, les structures de la communication, s'intéresser aux participants : aux messagers en mauvaise position.

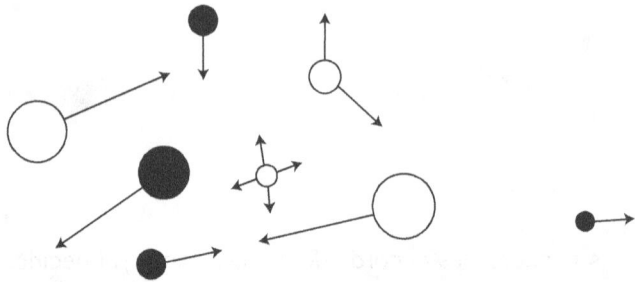

Dans un film que je vous recommande d'aller voir, si ce n'est déjà fait (*La Médaille de Grangier*) nous assistons aux mésaventures du pauvre Grangier, victime des déplorables relations dans son entreprise ; mais le même médaillé de retour chez lui s'enfonce dans son journal et sa télévision, négligeant totalement femme et enfants.

Quel espoir alors d'organiser, radicalement, quoi que ce soit ?

Parce que le chaos est d'abord désordre. Qui dit désordre sous-entend ordre ainsi qu'espace de liberté, « jeu » virtuel entre les éléments, abondance de possibilités à saisir, un ordre naturel inconscient, sans intelligence ni volonté.

I – MESSAGES ET MESSAGERS : LA COMMUNICATION DISCONTINUE

Une image : énigme polyvalente

Prenons neuf points (au hasard ?)

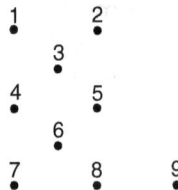

Que signifient-ils ?

« Je ne vois pas. » « Je n'en sais rien. » « Aucun intérêt. »

« 9 points ; un point c'est tout. » « La Voie lactée et l'étoile Polaire. »

« Des billes. Des dés ronds, en couleur. » « 6 → 3 le Rhin qui coule de Bâle à Strasbourg, entouré de villages viticoles. » « Une foule. »

« Un cerisier rose, une cerise est tombée. » « Une structure pour affichage de lettres et de chiffres avec des cristaux liquides. »

« 9 points et plus (ou moins), il neige au pôle Nord, l'ours blanc est parti. »

Première conclusion : des images partielles sont suffisantes dans bien des cas pour avoir des conceptions logiques. Mais qui ose, actuellement, parler de logique ?

Prenons l'énigme autrement.

Demandons de dessiner une cocotte, du genre affiche pour le salon de l'enfance. Un problème enfantin ? Beaucoup de personnes commencent par tracer un angle aigu (le bec ?) puis s'arrêtent, le reste est *terra incognita*.

Les sciences dites cognitives devraient être en mesure de nous l'expliquer (... un jour ou l'autre). En attendant il existe une méthode classique : rattacher la structure de la cocotte à des formes connues : 3 carrés + 1.

Élémentaire, (dirait Watson ?)
En fait, l'origine
de notre problème.

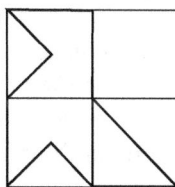

Trouver les 9 points.

Mémoire, imagination, intelligence. Le cœur du sujet. « Il n'est de richesse que d'hommes », affirmait Jean Bodin en 1576. À l'heure où l'entreprise court la richesse, elle serait bien inspirée de s'intéresser au développement de l'être. Mais voilà, une conviction s'impose à elle, celle d'un programme coûteux, aléatoire, à trop longue échéance – elle refuse d'en prendre le risque.

Le monde des formes : solution à la discommunication

Les points peuvent être des informations. Faute de savoir les organiser nous n'avons que des messages confus : une culture éclatée, en mosaïque, l'art en moins.

Les points peuvent être des messagers. Alors le réseau cacophonique des informations se double d'un réseau désordonné de personnages animés d'un mouvement brownien ; le développement des uns et des autres, loin d'améliorer la communication, la rend plus difficile.

Tout espoir n'est pas perdu. Puisque une ligne 6 → 3 et des points dispersés donnent une image cohérente, topographique, d'une région rhénane, on pourrait concilier ordre/désordre, continu/discontinu, partiel/global, statique/dynamique, nouveau/ancien, simple/complexe, homogène/hétérogène, certain/incertain... et résoudre bien des contradictions. « 9 » aberrant, marginal peut être l'arrière-garde ou l'avant-garde, de toute façon un élément à intégrer. Le lude fait coexister la liberté **et** la règle, l'efficacité **et** le plaisir.

Solutions spontanées, rapides, au coup par coup. La théorie des formes nous aidera en distinguant le monde intérieur (nous-mêmes), le monde extérieur, le schéma.

- Chaque système a sa structure propre, son organisation autonome, sa « vie ». Il y a mille et une façons de réunir les 9 points – dont le schéma d'une cocotte, une forme qui n'existe pas. De même les figures impossibles d'Oscar Reutersvärd, le précurseur d'Escher, ou le fameux triangle de Penrose.

- Chaque système interfère avec les autres : la cocotte a été probablement inspirée par un gallinacé. Inversement nos idées influent sur la réalité extérieure. Nous comprenons le monde et nous pouvons agir sur lui. Mais pourquoi ?

- Pourquoi ces interférences ? Parce que chaque système appartient à un même ensemble, l'univers des formes dont la structure de base est simple, élémentaire : 2 points reliés par un trait :

l'espace donc le temps donc le mouvement et, nécessaire-

$$\overset{1}{\circ}\underline{\hspace{4cm}}\overset{2}{\circ}$$

ment, l'énergie, la liberté avec ses avantages et ses inconvénients, ses limites : des décalages, des erreurs de représentation,
de communication.

II – L'ESPACE ET LE TEMPS : LE PLAN

Le défi de l'incertitude

Au présent, le jeu – vite, ici et maintenant – est incertain.

Si nous sommes modestes, il vise alors seulement à réduire les
incertitudes, à augmenter nos choix. Comme un plan qui facilite le
trajet : l'autoroute ou le chemin des écoliers, mais qui ne nous
empêche pas de nous égarer (carte inexacte ou bien erreur de
lecture).

Plus ambitieux nous saurons retourner les situations, transformer
les tragédies en histoires d'amour. Le firmament n'a pas été créé
pour nous éclairer, mais logique de position ou détournement de
fonction, l'étoile Polaire, la Croix du Sud qui servaient encore de
points de repère aux capitaines s'aventurant dans les mers lointai-
nes et demeurent des symboles à l'époque des satellites.

Au futur, les apocalypses ? Sans doute. Est-ce nouveau ? Souve-
nons-nous de notre jeunesse : l'homme existe sur la Terre malgré
les cataclysmes cosmiques ou bien à cause d'eux. Et l'avenir ne
nous réserve-t-il que de désagréables surprises ?

De toute façon, il y a deux événements dans notre vie. Notre naissance : elle nous échappe. Notre mort : elle est certaine. Quant au
reste...

Le monde est incertain ? Loin de nous lamenter, relevons le défi
d'une aventure plaisante et joyeuse.

Des dés, symboles de l'aléatoire, pour jouer au 421 mais le premier ne comprend que des 4, le second des 2, le troisième des 1 : 421 à tous coups. Ou bien chaque dé n'a que des 6 : jamais 421. Certitude, soit de faire soit de ne pas faire. Une fantaisie sur le destin, visiblement maîtrisé.

« C'est de la philosophie, soyons terre à terre »... au ras des pâquerettes, avant le printemps. Les télécommunications – les communications à distance – sont de tous les temps. Elles innovent en alliant téléphone, télévision, informatique... ; elles ont l'ambition de franchir des milliards de kilomètres jusqu'aux frontières de l'univers si frontières il y a. Déjà une idée de l'Infini.

Parallèlement, si j'ose dire, ne négligeons pas la durée. Nous sommes surpris du temps qu'il faut pour réaliser le moindre de nos projets. Nous voulons agir, oubliant les milliers, les millions, les milliards d'années qui ont été nécessaires et sans penser aux milliers, millions, milliards d'années futures – avec, en contrepartie, l'agrément de participer à une œuvre à long terme. En somme, une idée de l'Éternité.

Le secret et le sacré

L'espace et le temps. « Métaphysique. » Certes. La vie n'a de sens – direction, signification – que si l'on dépasse la pure et dure physique pour aller au-delà du visible, du connu, au-delà de l'inaccessible.

Physique pure et dure ? Le moins que l'on puisse dire des théories cosmologiques contemporaines c'est qu'elles sont floues.

La forme de l'univers varie du ballon bien rond qui se gonfle sans cesse (ou se dégonflera) à une mousse de bulles inconsistantes... Au choix !?

Le jeu, lui, semble limité à un espace et un moment donnés.

Mégarde. Il n'est pas miroir, ni symbole du monde il est le monde lui-même. Ainsi du beau temps de la guerre froide, l'échiquier, lors des championnats internationaux, c'était la collision des blocs et de leurs failles. Péril, incertitude, oui. Sans péril plus de gloire. Sans incertitude plus de jeu. Rien.

Le profane rejoint le sacré. Le mystère tient à la nature des choses et le sacré est fondé sur le mystère. Sachons le reconnaître. « Dieu est mystère, c'est sûr. »

Beaucoup de questions et parfois une réponse :

<pre>
        ?   ?
            ?
        ?   ?
            ?
        ?   ?   !
</pre>

ANNEXES

SUR TROIS NOTES

Les autoroutes de la formation

Ptolémée : « N'y a-t-il pas en géométrie de routes plus courtes que celle des Éléments ? »
Euclide : « Il n'y a pas en géométrie de chemins faits pour les rois. »

Les autoroutes sont devenues des solutions classiques aux problèmes de circulation dans les sociétés contemporaines. Peut-on s'en inspirer dans le domaine de la formation à la communication ?

I – LA CIRCULATION ROUTIÈRE : UNE SITUATION DRAMATIQUE PARADOXALE

* Un objectif
Une autoroute va être construite dans les environs de Saint-Germain-en-Laye (Yvelines) pour améliorer la desserte de Paris.

* Les difficultés
– Les nuisances imposées aux riverains qui ne pourront même pas accéder aux voies.
– Une terrasse** : « La Grande Terrasse, un des chefs-d'œuvre de Le Nôtre. Sa réalisation fut achevée en 1673 après quatre années de travaux gigantesques. Longue de 2 400 m, bordée de tilleuls centenaires, elle compte parmi les plus fameuses curiosités des environs de Paris », dixit Michelin.
– Une solution possible : un tunnel sous la Seine et sous la terrasse.
– Une faillite : la formule adoptée est un viaduc, le plus banal, et le percement frontal de la terrasse. On ne peut que déplorer

l'incompétence des financiers, des ingénieurs, sans parler des politiciens qui, paradoxalement, après des siècles de développement économique, industriel, n'ont pas su résoudre élégamment le problème.

– Une compensation : suppression des bruits.

II – À PROPOS : UNE SITUATION LUDIQUE ET PÉDAGOGIQUE

Aux environs de Saint-Germain, un panneau a été planté, vite recouvert par de la publicité sauvage.

Photographie n° 1 : Devinez le texte inscrit sur le panneau presque illisible.

Photographie n° 2 : Réponse : Le texte primitif (Autoroute A14. Projet inacceptable. Protégez votre campagne. Syndicat agricole et l'Association de défense de l'environnement général). Questions annexes : De quel lieu exact s'agit-il ? Le Mesnil-le-Roi. À quelle date ? 1989, anniversaire de la Révolution !

À considérer les inconvénients des autoroutes et des réseaux d'information (on y accède difficilement, on s'y perd, on n'arrive pas toujours à s'en sortir) l'analogie des autoroutes de l'information et de la formation ne serait pas très heureuse.

Nous serions enclins à regretter les jeux de piste, l'école buissonnière. À moins que, plus subtils, nous soyons à même de concilier, de réconcilier autoroute et chemin des écoliers.

Les réseaux

Le réseau est notamment un système de communication technique, humain, conceptuel. Un objet indien permet d'expliquer certains phénomènes comme le monde du travail et du jeu.

L'OVNI indien

« L'objet non identifié », étrange et étranger, est un ensemble de cercles et demi-cercles articulés.

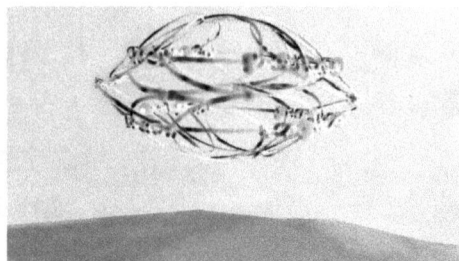

Il peut prendre les formes les plus diverses : soucoupe volante, sphère, cylindre, disque. C'est un réseau car tous les points sont reliés les uns aux autres.

Le monde du travail et du jeu

L'OVNI, objet ludique, permet curieusement, plaisamment, de nous donner une représentation variable de deux réseaux – le monde du travail et celui du jeu que l'on considère, dans l'entreprise, comme séparés.

Prenons l'OVNI, transformons le cylindre en disque.

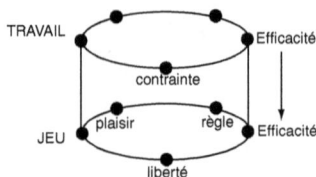

Travail et jeu se confondent. Tour de passe-passe ? Non, car il s'agit bien d'une réalité essentielle. Par exemple, l'idée du travail, efficace, opposé au jeu, simple distraction, est fausse ; l'activité ludique vise aussi à l'efficacité. Ainsi de suite pour d'autres points.

Faute d'une analyse bien construite, la vérité est masquée. À l'heure où le monde du travail semble s'effondrer (mais a-t-il toujours été brillant ?) et celui du jeu paraît illusoire, la transformation méthodique de nos réseaux s'impose.

Les relations entre le travail et le jeu... peuvent être abordés d'une manière abstraite, verbale. Notre OVNI permet de les confronter d'une façon concrète, visible, tactile. C'est une approche complémentaire.

Une difficulté : il est plus aisé de transformer notre OVNI que les mentalités ou de généraliser l'idée de plaisir dans le travail.

Une construction : malgré les transformations radicales d'une sphère en disque, il y a permanence d'un même objet, d'une même structure.

L'OVNI, un bijou, n'est-il pas l'image de notre monde ?

La croix

Monde des images ou bien images du monde ? Une croix est, peut-être, l'occasion de dire, en quelques mots, comment passer de l'un aux autres.

I – LA COMMUNICATION SYMBOLIQUE

On présente l'image d'une croix rouge évidée, en demandant sa signification.

– Message reçu : 0/5

Les réactions vont de la méconnaissance à un rejet violent : « C'est le symbole des partis extrémistes, de régimes totalitaires ».

Or, l'image est purement et simplement la croix de la Santa Maria, le vaisseau du futur amiral de la mer Océane, Christophe Colomb.

Pas d'interprétation à donner. Il est alors étonnant qu'il y ait une confusion possible entre une croix historique, de forme et de couleur bien définies avec d'autres images. (La croix de fer, décoration honorable de l'armée allemande.)

L'erreur est pourtant compréhensible. L'histoire de cette croix est complexe et ancienne. En résumé : l'infant Henrique était grand maître de l'Ordre du Christ et ce sont les revenus de cet ordre – fort riche au XVe siècle – qui financeront les travaux de Sagres (Portugal) et les premières expéditions maritimes. C'est pourquoi les caravelles des découvertes portaient sur leurs voiles la croix du Christ.

– Message émis : une bouteille à la mer ? ou 5/5.

L'image la plus nette risque d'être mal interprétée. Pour l'éviter, le créateur – le messager graphique – doit préciser l'environnement, donner des indices, voire des explications : la croix sur un voilier, un mot : Sagres.

Plus de contresens. Quitte au lecteur curieux à s'informer davantage.

Sagres II
Un navire de l'Armada du siècle (Rouen, 1999)

II – LA DÉCOUVERTE DE MONDES NOUVEAUX ⎯

Un trait vertical, un trait horizontal, la croix a toujours été un symbole très fort à commencer par celui des... points cardinaux. Et esthétique : les splendides roses des vents.

© Extrait de *Rose des vents*, Jacques de Vaulx, 1583, cliché Bibliothèque nationale de France

La croix de la Santa Maria était liée à la découverte du Nouveau Monde.

L'image d'un pied d'homme sur la Lune restera dans la mémoire comme le symbole de la découverte de mondes nouveaux. Que la télévision soit remerciée de nous avoir offert cette retransmission parmi les millions d'autres insignifiantes.

Plus encore : ces symboles sont dans le droit fil de l'Histoire, celle d'une aventure pleine de bruits sans doute mais qui donne à l'homme son sens, sa véritable dimension : l'Infini.

DOCUMENTATION
SOMMAIRE

« Aujourd'hui ici » sur le chemin entre hier et demain
Cantique. Gilles Alfera.

La communication. État des savoirs
(Éditions des sciences humaines, Paris, 2003)

Un siècle de communication
(La Poste, Paris, 2001)
Un album d'images pour grand public
(timbres, photographies, cédérom, vidéo) + le livre des timbres 2000.

Petite anthologie des multimédias
Ghislaine Azémard
(Möbius 2002, Paris)
Document intéressant. Français, anglais, en couleurs.

Mémoire de trame. Bimensuel des écrits sur la Communication
(Librairie Tekhné, Paris, 2003)

Jeux et situations complexes
Gilbert Béville
(Éditions d'Organisation, Paris, 1995)
Pour une documentation complémentaire.

ISAGA '95. Congrès de l'International Simulation and Gaming Association
(Universidad Politecnica, Valencia, juillet 1995) et (Polytechnic, Bari, 2001) Revue
Simulation and gaming (Sage Publications, Southands Oaks California).

*Guide Edilude. Une sélection des meilleurs jeux de formation pour l'entreprise,
l'insertion, la vie sociale*
Jean-Jacques Ballan et Chantal Barthélemy-Ruiz
(Edilude, Le Vésinet, 2000). Il manque les jeux informatiques.

*Le jeu : un outil pour l'acquisition et la gestion des connaissances dans l'ensei-
gnement supérieur, colloque pluridisciplinaire et international.* Livre + CD-Rom
(ADMES Languedoc-Catalogne. Agropolis – Montpellier 29 et 30 avril 1998)

Le jeu et les supports ludiques en formation d'adultes
Chantal Barthélemy-Ruiz
(Éditions d'Organisation, Paris 1995)

Entreprendre par le jeu. Un laboratoire pour l'entrepreneur en herbe
Pierre Corbeil
(Les Éditions Transcontinental, Québec, 1995)
Clair et pratique.

Des tests pour mieux communiquer
Y. Bourdoiseau et divers
(Éditions Retz, Paris, 1981)
Savez-vous communiquer, parler, écouter, improviser, négocier, lire, être pré-
cis... ? Une forme de jeu.

Le Monde a cinquante ans
(Numéro spécial, Paris 18 décembre 1994)
« De la parole à l'écrit : manifeste pour le droit au rêve, à la réflexion et à la liberté
critique. Le sens de l'humour, qui n'a jamais quitté ses journalistes, lorsqu'ils
s'apprêtent à lui donner un surcroît de vitesse et d'acuité. »

Et des cartes de félicitations : « Pour réinventer le Monde tous les matins il faut le découvrir tous les soirs. »

Changer le Monde
(Journal *Le Monde*, Paris, 8 janvier 1995)
Pourquoi, comment l'on change la formule du journal, sa typographie, sa mise en pages.
Résultat : un nouveau journal le 10 janvier 1995.

Savoir présenter une campagne de publicité ou un projet :
Le jeu d'Ulysse
H. Gaillard et Pierre Lebel
(Les Éditions d'Organisation, Paris, 1988)

Échec au roi de Rome. Traduit de l'arabe
Conteurs d'Alep
(Sinbad, Actes Sud, Paris, 1997)
Entre fiction et réalité la confrontation entre le Sultan Baïbars (vers 1250) et Frédéric II Barberousse, roi de Rome.

Les répliques les plus drôles
Christian Noncelet
(Le Cherche-Midi, Paris, 1986)
« Une femme, Simone Berriau, reprochait à Yves Mirande son peu d'ardeur au labeur en invoquant l'exemple d'un confrère.
– Tu ne travailles pas, tu n'as aucune persévérance. Regarde Henry Bernstein, c'est un courageux lui, il écrit.
– J'ai encore plus de courage que lui, je n'écris pas.
À cette anecdote on peut ajouter :
– Que faites-vous pour les jeunes réalisateurs ?
– Le réalisateur : je vieillis.

Le taureau irlandais
Robert Benayoun
(Éditions Filipacchi, Paris, 1974)
Les jeux, parfois involontaires, sur les mots.
Origine : Chaucer (XIIIᵉ siècle)
Version XXᵉ siècle « Un Irlandais n'est jamais en paix que lorsqu'il est en guerre. »

Le livre blanc de l'humour noir
Jean-Paul Lacroix et Michel Christien
(Pensée moderne, Paris, 1966)

Les dingues du non-sens
Robert Benayoun
(Balland, Paris, 1977)
« Étant donné un mur que se passe-t-il derrière ? » et autres petits problèmes.
On peut ajouter : « Si jamais je meurs ? Dommage ! je me consolerai ».

Jeux et sports
Roger Caillois et divers
(Gallimard – La Pléiade, Paris, 1967)

La roue de la fortune. Les jeux de hasard de l'Antiquité à nos jours
Christian Morin
(Librairie académique Perrin, Paris, 1991)
« Je fais tourner une roue rapide : j'aime à élever ce qui est abaissé. Monte donc si tu veux mais à condition que tu ne t'indigneras pas de descendre quand la loi qui préside à mon jeu le demandera. »
Fortuna d'après Boèce dans le poème De Consolatione.

Jamais plus un coup de dés n'abolira le hasard
Raphaël Brossart
(Chez l'auteur, Paris, 1993)
Variations ludiques sur le poème de Mallarmé.
Également des coups de dés ne comportant que des 4, des 2, des 1 pour faire 421 à tous les coups – ou seulement des 6 pour ne jamais faire 421.

Histoire des jeux de société
Jean-Marie Lhôte
(Flammarion, Paris, 1995)
Les jeux, expressions de l'Histoire et de la Philosophie. Une somme.

Homo ludens. Essai sur la fonction sociale du jeu (1938)
Johan Huizinga
(Gallimard, Paris 1951)
Une œuvre.
Le jeu, le droit, la guerre, la philosophie, l'art.
Sont exclues, à tort, l'économie et la vie privée.

Ludus/ludere : giocare in Italia alla fine del Medio Evo. (Jouer en Italie à la fin du Moyen Âge).
Alessandro Rizzi
(Fondazione Benetton, Roma Viella, 1995)

L'aventure des langues en Occident
Henriette Walter
(Laffont, Paris, 1994)
Instructif et curieux. Le mot sketch. De l'italien schizzo (croquis), néerlandais shets, anglais sketch (esquisse), français (courte scène).
Amusant. Nombreuses créations et récréations.

Le football florentin. Les jeux et le pouvoir à la Renaissance
Horts Bredekamp
(Diderot, Paris, 1995)

Passion sport. Histoire d'une culture
Georges Vigarello
(Textuel,
Paris, 2000)

Histoire des jeux éducatifs
MM. Rabeck-Maillard
(Fernand Nathan, Paris, 1969)
Même pour les adultes. Un classique.

Les mathématiques sociales
(Dossier de la revue *Pour la Science* n° hors-série, Paris, 1999)
« La théorie des jeux. L'art de la stratégie. Le monde agité de la coopération. »
Les mathématiques ne sont pas toujours à prendre au pied de la lettre.

Watergate Games
Douglas Muzzio
(New York University Press, 1982)

Nixon et le Watergate
Claude Moisy
(Hachette, Paris, 1994)
Analyse, classique, d'un scandale d'écoutes téléphoniques.

62 jeux de communication
Dominique Gilbert et divers
(E.C.I.C.O., Chaumuzy, 2000)

Éléments de design industriel
Danielle Quarante
(Polytechnica, Paris, 1994)
Théorie de la Forme. Sémiologie. Communication. Stratégie et image de firme.

L'art est-il une connaissance ?
4e forum Le Monde, Le Mans
Présentation par Roger-Pol Droit
(Le Monde Éditions, Paris, 1993)
« Les œuvres ne se dissocient certes pas du plaisir. Elles mettent en jeu [!] tout
autre chose que la distraction. » Mais contradictoirement « Et si l'on attendait
quelque réponse essentielle à des interrogations ? » Justement : le jeu en vaut la
chandelle.

Arts et métiers graphiques
(Revue *Arts et Métiers du livre*. Reliure, bibliophilie, estampes, Paris, novembre
1994)
« 1927, à l'époque des premiers pas de la publicité et de la photographie mais
aussi du décloisonnement des différents modes d'expression. Moment où le pein-
tre se fait illustrateur, le poète typographe et où la reliure ou la mise en pages
acquièrent leurs lettres de noblesse. »

Architecture de la lettre. Calligraphies,
bas-reliefs, sculptures autour de la lettre
hébraïque
Maurice Lévy
(La Barbacane, Bonaguil 47500 Fumel,
1990).
« Maurice Lévy invente un nouveau langage. Il enrichit le code des communications »

הבל

HÉBEL
ABEL

ה HÉ = Vie

ב BEIT = Structure

ל LAMED = Energie humaine

Abel est une structure vivante
et animée. C'est un être parfait
mais stable, sans évolution, au
même titre qu'un animal.

Calligraphie

© Groupe Eyrolles

250

Calligraphie arabe vivante
Hassan Massoudy
(Flammarion, Paris, 1981)
Un ouvrage étonnant. La calligraphie : des lettres, des lignes
et des pensées.
« Le meilleur, celui qui ouvre sa main et qui retient sa lan-
gue. »

« Sur la terre, il y a une place pour tous » (Schiller).

Le jeu dans la Chine contemporaine : Mah-jong, jeu de go et autres loisirs
Elisabeth Papineau.
(L'Harmattan, Paris, 2000)
Une occasion de sortir de sa tour d'ivoire.

Solutions Ressources Humaines Ludimat expo
(Paris La Défense, mars 2000)
Ludimat : un salon international du jeu dans la formation et la communication, très
symboliquement perdu dans le salon des responsables de la fonction « Personnel ».

Le Droit et les paradoxes du jeu
Michel van de Kerchove
(PUF, Paris, 1992)

Cours de Droit administratif
Charles Eisenmann
(Librairie Générale de Droit et Jurisprudence, Paris, 1983)
La Gründlichkeit autrichienne appliquée à l'approfondissement de notions fonda-
mentales (théorie du Droit) mais difficile d'accès : 1 page à l'heure.
La communication n'est pas un art aisé mais l'effort demandé est fructueux.

Les jeux de lois. Le droit du travail en 20 questions à choix multiples.
E. Turlan
(Éditions d'Organisation, Paris, 1996)

Énigmes et jeux logiques. Résolution et construction
Yvon L'Hospitalier
(Eyrolles, Paris, 1998)
Notamment raisonnement et intelligence artificielle et, rareté, la façon d'inventer
des jeux.

Jeu de l'Oie du XXᵉ siècle
(Édilude, Paris, 2000)
Ouvrage collectif réalisé par enquête sur le choix de 56 événements du XXᵉ siècle.

Les dessous du tennis féminin
Nathalie Tauziat
(Plon, Paris, 2000)
Tout n'est pas roses et violettes dans le jeu en particulier dans le sport.

Football et passions politiques
Ignacio Ramonet et Christian de Brie
(Manière de voir n°39. Le Monde diplomatique, Paris mai-juin 1998)

Le football c'est la guerre. Un résumé de la condition humaine. Un sport ou un rituel ? La gloire des tricheurs.
Télévision : vers un jeu virtuel.

Le sport dans la course à la technologie
(Journal *Le Monde* interactif, Paris, 9 septembre 2000)

Écrit, image, oral et nouvelles technologies.
(Actes du colloque, Université Paris 7 – Diderot, Paris, 7 mars 1998)
Un exemple de recherches universitaires.

La révolution de l'imprimé à l'aube de l'Europe moderne
Elisabeth L. Eisenstein
(Éditions de La Découverte, Paris), 1991.
« Les conséquences heureuses et malheureuses »

Révolution dans la communication
Divers
(Manière de voir n° 46. Le Monde diplomatique, Paris, juillet-août 1999)
Les encyclopédies multimédias. L'idéologie des nouvelles technologies. Le krach des images. Dernières astuces publicitaires...

Salon Communication, Événement
(Paris, 15, 16, 17 novembre 2000)
« Choisir tous les lieux de réunion.
Trouver toutes les solutions pour communiquer, stimuler et motiver.
Sélectionner les bons prestataires pour réussir. »
L'agrément, un avant-goût du ludique, un pré-lude

Équipe gagnante + disquette. Jeu de Formation au management d'équipe
Martine Bigeard
(Éditions d'Organisation, Paris, 2000)
Pour une formation participative et ludique.

Où nous emportent les techniques ?
(Palais des Congrès et de la Culture, 12e Forum, Le Mans 27, 28, 29 octobre 2000)
Intentions : « Démontrer qu'il est possible de simplifier le langage sans pour autant rendre simplistes les propos. Décloisonner la vie intellectuelle... »

L'imposture informatique
François de Closets et Bruno Lussato
(Fayard, Paris, 2000)

Cognition, Computing and Cooperation
S. Robertson - W. Zachary
(Intellect Books, 1990, Diffusion Eyrolles, Paris)

L'e-mail futé. Guide du parfait utilisateur
Marie Page
(Éditions d'Organisation, Paris, 2000)
Court et bien dit. De plus : les internautes ne reculant devant aucune abréviation hasardeuse ne pourraient-ils pas raccourcir les « lotteries » sinon ils n'auront pas « la quote ».

Internet contre l'ordre établi
Divers
(*Courrier International*, Paris 17 août 2000)
« Piratages, vandalisme, réseaux politiques ou bien essor d'une nouvelle conscience ? »

Affreux, riches et méchants. Le vrai visage de la nouvelle économie
(*Courrier International*, Paris, 25 mai 2000)
« Déjà, en 1890, Rockefeller et Carnegie »
« Tuer ou être tué ».

Internet @ visages humains
Éric Coisne et Frédéric Soussin
(Éditions d'Organisation, Paris 1999)
Un paradoxe : des micro-communautés électroniques à vocation internationale.
« Une histoire qui commence dans ce livre et qui se poursuit sur Internet. »

Internet. L'extase et l'effroi
Ignacio Ramonet et divers.
(Manière de voir. *Le Monde diplomatique*, Paris, octobre 1996)
Toujours d'actualité.

Les folies d'Internet 1. Portails et supermarchés
Daniel Schneidermann
(Journal *Le Monde*, Paris, 22 août 2000 et jours suivants)
Une fantaisie sur les heurs et malheurs d'un internaute néophyte.

L'@ Folie Internet. L'envers de la toile
(Les dossiers du *Canard enchaîné*, n° 75, Paris, août 2000)

Valeur sur le Net. Infomédiaires les nouveaux champions du Web
John Hagel III et Marc Singer
(Éditions d'Organisation, Paris, 2000)
Agent des clients protégeant leurs informations, l'infomédiaire : un acteur émergent.

L'e-conomie. Scénarios pour le Net économie
Collectif
(Éditions d'Organisation, Paris, 2000)
Comment utiliser l'arme de la connaissance ?

Net stratégies
Philip Evans et Thomas S. Wurster
(Éditions d'Organisation, Paris, 2000)
« Des règles de jeu à reconstruire et des opportunités à saisir. »

Les images virtuelles
(Revue *Science et Vie*, Paris, juin 1993)
La vue mais aussi les autres sens.

La télé-réalité, un débat mondial
Divers auteurs
(Revue *MédiaMorphoses*. Hors série, Bry-sur-Marne, juin 2003)
« Une culture populaire, moderne, et foncièrement illégitime. »

L'univers des jeux vidéo
Alain et Frédéric Le Diberder
(Éditions La Découverte, Paris, 1998)
Une bonne référence.

Créateur de jeu vidéo + CD-ROM
Éric Viennot
(Pixel, le magazine des nouvelles images, Paris, février 2004)

Rome, le testament de César. CD-Rom. Jeu d'aventures
Cécile Haziot
(Montparnasse Multimédia, Paris)
À ce sujet voir :
Le scénariste multimédia dans la peau du joueur
Sylvie Fonmarty
(Journal *Le Monde*, Paris, 4 octobre 2000)

Jouez ! Pour les fêtes, les plus beaux jeux du Mac
(Revue *SVM MAC*, Hors-série, Paris, novembre 2000)
Analyse, notamment des « Aventures culturelles » depuis le précurseur, Versailles 1685 (chez Cryo) jusqu'à Vikings (Wanadoo Éditions) « Un domaine en perte de vitesse » ? Dommage.

Écrire pour le jeu. Techniques scénaristiques de jeu informatique et vidéo
Emmanuel Guardiola
(Dixit, Paris 2000)

Les courants qui ont marqué trente ans de prix Nobel d'économie
Françoise Lazare
(Journal *Le Monde*, Paris, 17 octobre 2000)
Pour la petite histoire : « La théorie des jeux ne fut reconnue qu'en 1994 (Nash, Harsanyl et Selten) »

Cybergagnant. Technologie et développement personnel
Sous la direction de L. Roche
(Collection Management Technologique du Groupe École Supérieure de Commerce de Grenoble. Maxima Éditeur, Paris, 2000)
Un ouvrage sensé.

Net gamer. Le magazine des joueurs en réseau
(n° 2, Paris, juillet 2000)
Les salles, les clans, les tournois, les sorties, les matchs, échecs et net (200 000 joueurs).
Belle présentation sur papier glacé

www.jeuxvideo.com

Au bonheur d'Internet. Sites, expériences, artistes.
Gérard Pangon et divers.
(Revue *Télérama*, n° 58, Paris, novembre 1999)
« Sarah, trois ans, demande avec un sourire après avoir entendu Félix Leclerc chanter *Le Petit Bonheur* : « Dis maman, est-ce qu'on peut cliquer sur le bonheur ? »

« Jeux de langues. Lieu de l'expo : Internet. Durée 100 jours. Principe : faire voyager un texte de pays en pays au gré des traductions successives. Résultat ? Très surprenant. Voici comment un plasticien espagnol réinvente le téléphone arabe. »

Aux origines de l'art : 50 000 ans d'art préhistorique et tribal
Emmanuel Anati
(Fayard, Paris, 2003)
Pourquoi et comment l'art est-il né ? Quels messages, quelles visions du monde les représentations de l'art préhistorique véhiculent-elles ?

Comportements de communication et processus heuristique des chercheurs scientifiques
A. Demailly
(Laboratoire de psychologie sociale. Université Paul Valéry, Montpellier, 1975)

Théâtre de livres. Exposition
Florence Boré
(Bibliothèque historique de la ville de Paris, janvier 2004)
« J'ai désiré avec cette exposition ouvrir au grand public le domaine ludique trop souvent confidentiel de la bibliophilie et cela dans une mise en scène. »
« Une reliure se doit de parachever un livre en procurant aux mots qu'il contient un supplément d'âme. »

Le comportement des transmetteurs scientifiques et techniques
Christian Lemaignan
(La Documentation française, Paris, 1978)

La communication écrite, scientifique et technique
Louis Timbal-Duclaux
(Entreprise Moderne d'Édition, Paris, 1991)

Congrès de l'Association internationale pour les médias dans la science
(CNRS / Institut de cinématographie scientifique, Paris, 2000)
L'audiovisuel au service de l'investigation scientifique, moyen de publication et d'illustration de l'actualité des sciences et les politiques de recherche.

Médaille d'Or du CNRS
Michel Lazdunski
(CNRS, Paris, 2000)
« La spécificité des cellules est reconnaissable à leur langage dont les mots sont formés d'une combinaison de canaux ioniques qui permettent aux cellules de communiquer entre elles et avec leurs organes cibles. »

Les activités cognitives. Raisonnement, décision et résolution de problèmes
J. Costermans
(De Boeck Université Louvain-La-Neuve Belgique / Belin, Paris, 1998)

Psychologie cognitive
Lemaire
(De Boeck Université)
Perception, mémoires, raisonnement, prise de décision, production et compréhension du langage des mathématiques.

Les sociétés animales. Évolution de la coopération et organisation sociale
Aron, Passera
(De Boeck)
Naturalisme, sélection de la parentèle, réciprocité, solution des groupes.

Guide illustré des neurones
Paul Apicella
(Belin, Paris, 1988)
« Découvrir les mystères du cerveau sans se casser la tête »

Connaître les sciences cognitives, tendances et perspectives
Francisco J. Varela
(Le Seuil, Paris, 1989)
« Une science qui néglige son passé risque fort de répéter ses erreurs – et reste sans perspectives sur son développement. »
Mais les conceptions s'empilent plus qu'elles ne se remplacent. D'où un nécessaire et continuel réaménagement – sans compter les oublis et les pertes.

Une introduction aux neurosciences cognitives
J. Delacour
(De Boeck Université Louvain-La-Neuve Belgique / Belin, Paris, 1998)

Changing minds. Computer, learning and literacy
Andrea A. di Sessa (Berkeley)
(The M.I.T. Press, Cambridge, États-Unis, 2000)
« Les ordinateurs peuvent constituer la base d'une nouvelle forme d'alphabétisation qui changera la façon dont les gens pensent et apprennent. »
On en reparlera, dans mille ans.

Le cerveau et l'intelligence
Divers
(Revue *Science et Vie*, hors série, décembre 1991)
« Dans notre cerveau les mots se combineraient comme les briques d'un jeu de construction, s'assemblant et se détachant continuellement. »

Le cerveau et la pensée
Divers
(Revue *Pour la Science*, numéro spécial, Paris, novembre 1992)
Les bases biologiques de l'apprentissage, le cerveau et le langage, l'orchestration de la pensée...

La fête des fous. Essai théologique sur les notions de fête et de fantaisie
Hervey Cox
(Le Seuil, Paris, 1971)

L'esprit-Cerveau + Bibliographie sur la cognition
Divers auteurs
(Revue *Sciences et Avenir*. Hors série n° 97, Paris, juillet 1994)

À quoi sert le cerveau ?
Divers
(Revue *Science et Vie*. Hors série, Paris, juin 1996)

Le labyrinthe déchiffré. Cathédrale de Chartres
J. et O. Ketley-Laporte
(Éditions Jean-Michel Garnier, Chartres, 1992)
Énigme et communication. Voyage initiatique. Géométrie et sacré : entrée et sortie, aller et retour.

Le grand livre des voyages
Windfried Löschburg
(Éditions Siloé, Paris, 1978)
Voies romaines, gens d'armes, jongleurs, pèlerins, marchands, le grand tour des gentilshommes, le pistolet, l'écritoire, le guide des voyages Baedeker, sur la Lune.

La vie, mode d'emploi
Georges Pérec
(Hachette, Paris, 1979)
Notre existence comme un puzzle.

La cinquième dimension
Pierre Lepape
(Journal *Le Monde*, Paris, 31 janvier 1997)
À propos du livre *Du temps* (Über die Zeit) de Norbert Elias.
« La nature du temps comme un concept pratique lié à l'évolution des sociétés. »

L'infinito
Giacomo Leopardi
(Mostra Internazionale di Relegatura d'Arte)
Recaneti, Italie, 1998
500 reliures d'art autour du poème « L'Infinito ».

Les infinis
Divers auteurs
(Revue pour la Science, n° 278, Paris, décembre 2000)
Page 143. L'infini littéraire.

Jeux avec l'infini. Voyage à travers les mathématiques
Peter Rozsa
(Le Seuil, Paris, 1977)

Infini des mathématiciens, Infini des philosophes
Françoise Monnoyeur et divers
(Belin, Paris, 1992)
Également : Infini des philosophes, infini des astronomes.

Matière à rire
Raymond Devos
(Olivier Orban, Paris, 1991)
« Si on savait ce qui amuse les atomes on leur fournirait matière à rire.
Alors me diriez-vous que deviendrait la fission nucléaire ? – une explosion de joie. »

Comprendre la matière
Trinh Xuan Thuan et divers
(Revue *Science et Avenir*, Paris, décembre 1994)
Dessine-moi un atome, l'univers miroir, matière à penser.

La vie dans l'Univers
Jean-Pierre Luminet et divers
(Revue *Pour la Science*, Paris, décembre 1994)
« L'univers est-il un jeu de miroirs, une écume d'espace-temps ou un fractal ?...
On peut envisager l'espace comme un jeu de Pac Man. »

Voir l'invisible en 200 images
Divers
(Revue *Sciences et Avenir*, Hors série, Paris, décembre 1995).

L'astronomie de l'invisible
Divers auteurs
(Revue *Sciences et Avenir*, numéro spécial 33, Paris, 1981)

Do mundo da imaginaçào à imaginaçào do mundo Cornelius Castoriadis e diversos (Fim de Século Ediçoes Lisboa, 1999). Notamment : Internet, paradoxos e utopia – A imaginaçào alegre. (Disponible au Centre culturel portugais. Paris)

Utopie. La quête de la société idéale en Occident. Exposition + catalogue + cahier. (Bibliothèque nationale de France / Fayard / The New York Public Library, Paris, 4 avril-9 juillet 2000)
Un modèle d'exposition
« La promesse d'un bonheur futur. Toute l'Europe ne devrait être qu'une foire générale et commune (d'Argenson 1751).
L'utopie, une face radieuse, une face sombre. Devient inévitable une réflexion difficile sur ce qui dans l'héritage de la pensée utopique moderne, contenait les germes de sa version totalitaire. »

Vision du futur, une histoire des peurs et des espoirs de l'humanité. Exposition + catalogue
(Grand Palais, Paris, octobre 2000 janvier 2001)
« Le futur a une histoire. »

Il gioco e il tragico
Monica Gargano
(Éditions Scientifiche italiano Napoli, 1991)
BNF 8 R 109 100(1)

Le sens de la vie. La finalité dans les sciences.
(Revue *Sciences et Avenir*, n° 124, Paris, novembre 2000)
« La finalité n'existe pas. La vie n'a pas de sens »
Mais :
– Nous avons des buts, des objectifs à court et à long terme. La finalité existe : nous l'avons inventée !
– Nous avons été inspirés – ou bien nous nous sommes inspirés à contresens, de la réalité physique ou animale.
– Si nos projets échouent d'autres créatures, plus sensées, réussiront sans doute.

Itinéraires des danses macabres
Hélène et Bertrand Utzinger
(Éditions J.-M. Garnier, Paris, 1996)
Une exposition accompagnant la danse macabre de La Ferté-Loupière s'intitulait : « Le jeu de la mort. »

L'euphorie perpétuelle. Essai sur le devoir de bonheur
Pascal Bruckner
(Grasset, Paris, 2000)

Simulation and Gaming (Sage Publications)
www.sagepub.com

Congrès SAGSET 2000. Jeux de simulations, méthodes interactives pour la formation, la culture et les loisirs
Claude Bourles
(Université Catholique de l'Ouest, Angers, juillet 2000)
Exemples : Le scarabée virtuel : un jeu d'investigation cognitive.
Le livre des origines : un jeu de rôle construit à partir d'ouvrages de science-fiction.
Simulation de la division des cellules à l'aide de la pâte à modeler.

www.mardouk.com/gersafe
Site des études et recherche sur les simulations appliquées à la formation et à l'enseignement. Université Catholique de l'Ouest, Angers.

(Revue *Courrier international*, Paris, 9 novembre 2000)
« 10 ans ! Demain un autre monde ? 10 questions sur la mondialisation. 100 mots de la fin du millénaire. 10 rêves et cauchemars du XXIe siècle. 10 cartes pour comprendre la géopolitique ».

L'avenir de l'esprit
Thierry Gaudin
(Albin Michel, Paris, 2001)
« Le système technique s'accompagnera de transformations spirituelles ». Voire !
« La planète tombera entre les mains d'une secte des adorateurs d'une main invisible, ce qui aboutit à la servitude du plus grand nombre. » Il conclut : « L'histoire a-t-elle un sens ? »

Apocalypse 2000. Art, Bible, Société
Marie-Claude Rousseau
(Université Catholique de l'Ouest, Angers, juillet 2000)
Lectures de l'Apocalypse
Apocalypse et utopie
Fin du monde ou fin d'un monde
Atelier ludique d'écriture et de création.

La tenture de l'Apocalypse d'Angers
(Ministère de la Culture. Cahiers de l'inventaire 4. Région des Pays de la Loire, Nantes, 1987)
« L'explosion en Occident dans les années qui vont de 1360 à 1380 de la grande tapisserie historiée est un fait économique, artistique, politique. »
Une œuvre exceptionnelle.

La valse des espèces
(Dossier de la revue *Pour la science*, Paris, juillet 2000)
« Extinctions et innovations pendant 500 millions d'années de vie. »
Et l'homme ?

Un million de générations
Jean Chaline
(Le Seuil, Paris, 2000)
L'ambiguïté de notre passé.

Dieu, la science et la religion
Revue La Recherche, hors série n° 14
(Paris, janvier, mars 2004)
« La notion de divin dans la biologie. Influence de la religion dans l'économie. Le concept d'infini qui régit l'univers mathématique. »
Des références bibliographiques non négligeables.

Jouer avec Dieu
Gabriel Matzneff
(Journal *Le Monde*, Paris, 14 avril 1979)
« Dieu joue à cache-cache avec nous. »

Le besoin du sacré
Olivier Germain-Thomas
(Journal *Le Monde*, Paris, 18 juin 1993 et 11 novembre 1994)
« Plusieurs signes, plusieurs livres semblent montrer un changement à la perception du spirituel, qui ne s'oppose ni au corps ni à la modernité. »

La cité de Dieu (année 426)
Saint Augustin
(Gallimard, La Pléiade, Paris, an 2000)

Kompetenz - Netzwerk
e-mail info@management-games.com
http://www.management-games.com/CNMF Info.htm
Nombreuses références de jeux, simulations et liens (Union mystique avec Dieu !)

The Gospel in many Tongues (La parole de Dieu dans toutes les langues)
(The British and Foreign Bible Society, London, 1985)

Langue javanaise

Le même texte en 872 idiomes et graphies : « Car Dieu a tant aimé le monde qu'il a donné son fils unique afin que quiconque croit en lui ne périsse pas mais qu'il ait la vie éternelle » Saint Jean 3 :16

Je cherche ton visage (affiche n° 96). Une image énigmatique
(Chrétiens-Médias, Paris, 1986)
Au-delà de la foule... le Christ. Au-delà du Christ : Dieu.
Voir encart couleur in fine.

Crédits documentaires :
Messageries maritimes – SNCF – Carrefour – *Le Monde*.

Fiche n°7
Le Pasteur

Fiche n°8
Messageries maritimes

Documentation (voir p. 255)

Je cherche ton visage...

Fiche n°13
Une énigme à trois temps

Fiche n°13
Une énigme à trois temps

Fiche n°13
Une énigme à trois temps

EMPRUNT *SNCF* 1969

Fiche n°28
Sait-on jamais ?

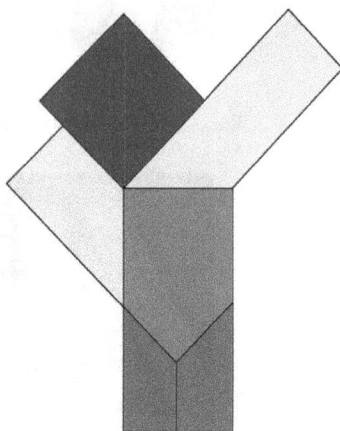

Fiche n°40
Vive le vent Gilbert !

Fiche n°50
Carrefour